웹퍼블리싱

Web Publishing

저자 정 의 태

인제대학교 출판부

| 머리말 |

본 '웹 퍼블리싱' 책은 웹 디자인, 웹 그래픽스, 웹 디자인기능사 준비, 인터페이스 디자인, UI/UX 관련 과목 등 다양한 강의에서 교재 및 부교재로 사용이 가능하다. 또 코딩 수업의 입문 과정 교재로도 사용이 가능하다. 이 책을 통하여 인터넷의 역사, 특성, 웹사이트의 기획, 네트워크 등의 이론적인 사항과 더불어 웹사이트 제작을 할 때 필요한 기본적인 이미지 편집 소프트웨어를 다루는 방식 그리고 기본적인 HTML과 CSS를 사용할 수 있는 방법을 학습할 수 있다. 이 책은 '이론편', '이미지 실습편', '코딩 실습편'의 세 가지 큰 챕터로 구분이 되어있다. 각 장에는 설명, 실습, 예제 등이 적절히 분배되어 있다. 각 챕터의 끝에 이때까지 웹 디자인 기능사 자격증 시험에 출제되었던 관련 문제가 챕터 별로 20 문제씩 총 60 문제가 수록되어 있고 마지막 부록 부문에 문제가 해설되어 있다. 이론과 실습, 시험 준비를 동시에 할 수 있는 것이다.

제 1부 이론편에서는 웹 퍼블리싱에 관한 이론과 인터넷과 관련한 주요 이론, 역사, 기술 그리고 모바일과 인터페이스 디자인, 디자인 사조 등에 대한 이론적인 내용을 정리한다. 이는 웹 퍼블리싱을 하는 사람이면 누구나 알고 있어야 하는 내용임과 동시에 웹디자인기능사, 컴퓨터그래픽스운용기능사, 컬러리스트 등의 여러 시험에 출제가 되는 내용으로 구성이 되어 있어 자격증을 준비하는 학생들에게도 도움이 될 것이다.

제 2부 이미지 실습편에서는 빛과 색 등 디자인의 기본적인 것부터 시작하여, 각종 파일 포맷, 웹에서 사용되는 이미지 포맷인 JPG, GIF, PNG에 대한 내용과 비트맵 기반의 그래픽 소프트웨어인 어도비 포토샵의 기본적인 사용법이 소개된다. 이를 통해 웹 퍼블리싱을 위한 그래픽 소프트웨어를 사용할 수 있게 될 것이다. 하지만 이 책에서는 웹 이미지 처리를 위주로 구성이 되어있기 때문에 전문적인 그래픽 소프트웨어를 익히기 위해서는 또 다른 심화학습이 필요할 것이다.

제 3장 코딩 실습편에서는 HTML5를 기반으로 웹 표준에 맞게 코딩을 할 수 있는 능력을 배양하게 된다. 직접 코딩을 해 보면서 HTML을 익히게 되고 이 챕터를 완독하고 나면 기본적인 웹 사이트를 만드는 데에 큰 문제가 없을 것이고 추후 HTML의 고급기능을 학습할 수 있는 능력을 가질 수 있게 될 것이다. 또한 웹 페이지의 레이아웃과 스타일을 좀 더 자유롭게 다룰 수 있게 하는 CSS를 익힌다. HTML이 사람의 몸통이라면 CSS는 옷과 악세사리 같은 역할을 한다. 다양한 예제를 통하여 CSS에 익숙해지도록 하고 다른 CSS를 참조하여 자신만의 스타일을 만들 수 있는 능력을 기른다.

이 책은 최대한 웹의 표준에 입각하여 만들어졌다. 웹의 표준을 정하는 단체인 w3c(World Wide Web Consortium)와 w3c가 운영하는 w3schools.com을 스탠다드 레퍼런스로 하여 저술하였기 때문에 이 내용을 바탕으로 공부를 한다면 어떤 웹 브라우저에서도 공통적인 사용자 경험을 줄 수 있는 웹 퍼블리싱, 즉 크로스 브라우징이 가능한 콘텐츠를 제작할 수 있을 것이다.

마지막으로 코딩을 더 공부하고 싶은 학생들을 위하여 자바 스크립트, DHTML, XML, VRML 등에 대한 소개와 ActiveX, ASP, JSP, PHP 등에 대해서도 간단히 소개하고 있다. 이 책을 바탕으로 코딩에 입문한 뒤에 심화 코딩을 학습하거나 다른 프로그래밍 언어를 배우면 효율적으로 학습을 할 수 있을 것이다.

이 분야는 언제나 빠르게 변화한다. 이 책도 지속적인 개정을 통하여 웹 퍼블리싱을 위한 최신 표준을 소개할 것이다.

정 의 태

| 차례 |

제1부 | 이론편

제2부 | 이미지 실습편

제3부 | 코딩 실습편

제1부 이론편

- 제1장 웹 퍼블리싱
- 제2장 인터넷
- 제3장 모바일
- 제4장 인터페이스 디자인
- 제5장 웹 퍼블리싱 관련 정보
- 제6장 인터넷 이론 기출문제

제1장 웹 퍼블리싱

웹 피블리싱이란 원본 콘텐츠(original contents)를 인터넷 상에 나타내기 위한 프로세스 전반을 이야기 한다. 그 프로세스는 웹사이트를 기획(planning)하는 것, 웹사이트를 디자인(design)하는 것, 웹사이트를 개발(develop)하고 업로드(upload)하는 것, 웹사이트를 업데이트(update)하는 것 그리고 온라인으로 콘텐츠를 포스팅(posting)하는 것 등을 모두 망라한다. 웹 사이트가 개발된 후의 유지·보수(maintenance)작업도 웹 퍼블리싱 작업에 포함될 수 있다.

원본 콘텐츠는 여러 가지 형식이 있을 수 있다. 문자(텍스트)가 될 수도 있고 그림(이미지), 음악이나 사운드 이펙트가 될 수도 있고 동영상 클립이 될 수도 있다. 또는 여러 가지 매체가 동시에 제공될 수도 있으며 상호작용(interaction)이 있는 콘텐츠가 될 수도 있다. 하나 이상의 다양한 미디어를 사용한 콘텐츠를 멀티미디어(multimedia)라고 이야기하기도 한다.

XB Software의 스베트라나 고디옌코(Svetlana Gordiyenko)는 웹사이트 개발 프로세스(Website Development Process: Full Guide in 7 Steps)라는 글에서 웹사이트 개발의 라이프 사이클을 다음 그림과 표와 같이 제시하였다.[1)]

그림 1. 웹 퍼블리싱의 일곱 단계

표 1. 웹 퍼블리싱의 일곱 단계

Step	Works
Step 1 정보 수집 (Gathering Information)	Gathering Information, Setting Purpose, Main Goals and Target Audience 정보 수집, 웹사이트의 목적과 목표의 설정, 타겟 사용자의 설정
Step 2 분석 및 기획 (Planning)	Planning, Sitemap and Wireframe Creation 기획, 사이트 맵과 와이어프레임 작성
Step 3 디자인 (Design)	Page Layouts, Review, and Approval Cycle 디자인, 페이지 레이아웃, 리뷰, 승인
Step 4 콘텐츠 작성 (Content Writing)	Contents Writing and Assembly 콘텐츠 작성 및 구성
Step 5 코딩 (Coding)	Coding and Realization 코딩 및 구현
Step 6 테스트 (Testing)	Testing, Review and Launch 테스트, 리뷰, 런칭
Step 7 유지보수 (Maintanance)	Maintenance, Opinion Monitoring and Regular Updating 유지 · 보수, 의견 모니터링, 정기 업데이트

1) Gordiyenko, Svetlana. Website Development Process: Full Guide in 7 Steps, 2015.12.14

위의 일곱 단계 중 중요한 과정을 다음에 정리하였고 각 과정에서 이해해야 하는 용어를 풀이하였다.

1. 정보수집과 웹 사이트의 기획

웹사이트를 기획하는 것은 웹 사이트가 어떠한 성격의 것인지, 내용을 담을 것인지, 어떠한 방식으로 개발할 것인지, 다른 경쟁업체의 웹사이트는 어떠한지, 누구한테 서비스하는지 등을 종합적으로 판단하여야 진행할 수 있다.

이 단계에서는 자신에 대한 정보, 자신이 가지고 있는 콘텐츠에 관한 정보, 그리고 협력업체, 경쟁자나 트렌드에 대한 정보 등을 수집하고 수집된 정보를 종합적으로 판단할 수 있는 능력을 가지고 있어야 한다.

성인을 상대로 뉴스를 보여주는 사이트, 초등학교 학부모의 커뮤니케이션을 위한 사이트와 청소년을 위한 음악 배포 사이트는 분명 다른 기획을 통하여 나와야 한다. 즉 웹사이트의 방문객(visitor)이나 사용자(user)가 누구인지 서비스하는 콘텐츠가 무엇인지 이 웹 사이트가 달성하고자 하는 바가 무엇인지에 따라 계획 단계에서 전략이 달라질 수 있다. 웹 사이트 뿐만 아니라 이러한 단계는 모바일 어플리케이션이나 소프트웨어의 개발, 콘텐츠 개발 등에 있어서도 마찬가지로 적용될 수 있다.

즉 이 단계에서는 웹사이트의 용도, 목표, 타겟 사용자, 콘텐츠의 종류, 운영방식 등을 종합적으로 판단하는 것이다. 이 단계에서는 전체의 웹사이트 구조를 파악할 수 있는 사이트 맵(sitemap)을 작성하게 되고, 어떠한 기술을 이용하여 제작할 것인지 판단하고, 각 페이지의 와이어프레임(wireframe)을 작성하게 된다.

가) 사이트 맵

사이트 맵은 크롤러(crawler) 또는 사용자(user)가 액세스 할 수 있는 한 웹 사이트 안의 페이지 목록이며 메뉴 구조도이다. 웹 디자인을 위한 계획 도구로 사용되는 특정한 양식(예: 엑셀문서, 구조도, 워드파일)의 문서가 될 수도 있고 일반적으로 계층적(hierarchial) 방식으로 구성된 웹 사이트의 페이지를 나열하는 하나의 웹 페이지를 말하기도 한다.

사이트 맵은 한 페이지와 다른 페이지 혹은 웹 구성 요소 간의 관계를 효율적으로 보여줄 수 있어야 한다. 사이트 맵을 작성하면 그 사이트의 구조를 파악할 수 있을 뿐 아니라 각 메뉴나 페이지의 일관적인 라벨링(labeling)에도 도움이 된다. 라벨링은 흔히 네이밍(naming)이라고 부르기도 한다. 사이트 맵을 작성하고 라벨링을 하는 것은 최종 웹 페이지의 사용성을 미리 가늠하고 네비게이션(navigation)을 파악하는 데 도움이 될 수 있다.

사이트 맵을 작성하면 웹 사이트의 여러 페이지 간의 관계를 보여줄 수 있으므로, 기본 페이지에서부터 시작하여 단계별로 시뮬레이션(simulation)을 하다 보면 최종 사용자(end user)가 필요한 정보나 서비스를 쉽게 찾을 수 있는지 판단할 수 있다. 사이트 맵을 작성하는 주된 이유는 사용자에게 친숙하고 탐색하기 쉬운 웹 사이트를 구축하는 것이고 제작에 참여하는 사람들이 서로 간의 커뮤니케이션을 원활하게하기 위함이다.

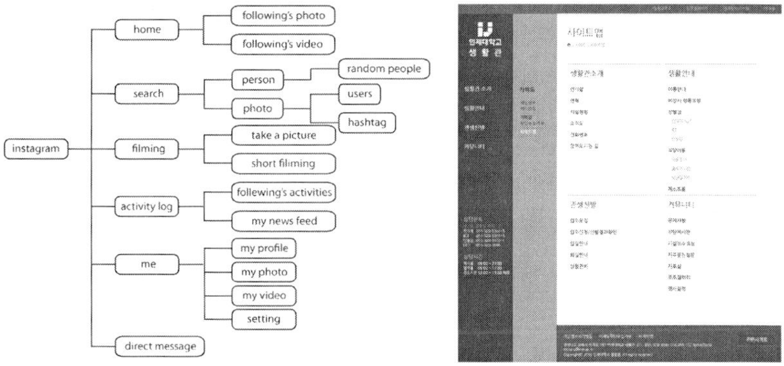

그림 2. 사이트 맵의 예시

위의 그림에서 왼쪽은 웹 디자인 계획 단계에서의 사이트 맵이고 오른쪽은 홈페이지에서 실제 서비스할 때, '사이트 맵' 메뉴를 선택하였을 경우 나타나는 화면이다. 이미 개발되어 있는 웹사이트나 모바일 어플리케이션의 메뉴 구조를 파악하고 이를 사이트 맵으로 작성해 보는 것은 한 웹이나 앱의 개발 철학을 이해하는 데에 많은 도움이 된다.

나) 크롤러

크롤러(crawler)는 웹 크롤러(web crawler)라고도 부르며 웹 크롤러는 일반적으로 웹 색인(web indexing, web spidering, 웹 인덱싱, 웹 스파이더링) 생성을 목적으로 월드 와이드 웹을 시스템적으로 탐색하는 인터넷 봇(bot)이다. 크롤러는 원래 어디나 갈 수 있는 운송수단(버기카, 무한궤도)이나 애벌레 등을 의미한다. 전세계에 있는 네트워크를 돌아다니면서 탐색하고 정보를 모으는 것이다. 때로는 앤트(ants), 자동 인덱서(automatic indexers), 웜(worms), 웹 스파이

더(web spider), 웹 로봇(web robot) 등으로 달리 불리기도 한다.

웹 검색 엔진이나 일부 사이트는 소프트웨어를 사용하여 웹 콘텐츠를 업데이트한다. 웹 크롤러는 사용자가 더 효율적으로 검색 할 수 있도록 방문한 모든 페이지를 복사하여 특정 데이터베이스에 저장해 놓을 수도 있다. 그래서 현재 서비스되고 있는 웹페이지에는 존재하지 않지만 검색 포털 등에서 이전의 콘텐츠를 검색하거나 볼 수 있게 되는 것이다.

다) 와이어프레임

사이트 맵을 사용하면 웹 사이트의 전체적인 구조를 간단하게 파악할 수 있지만, 사이트 맵이 개별 페이지들의 사용자 인터페이스를 세세히 설명해 주지는 않는다. 때로는 웹 사이트를 디자인하기 전에 고객에게 더 세부적인 내용을 승인받거나 개발자 간의 커뮤니케이션을 심화해야 개발의 다음 단계로 진행할 수 있다. 이 경우 와이어프레임을 작성하여 제시하는 것이 매우 도움이 된다. 와이어프레임은 사용자 인터페이스와 각종 요소를 시각적으로 표현한 것으로 일종의 개발 설계도라고 할 수 있다.

와이어프레임은 웹, 모바일 어플리케이션이나 소프트웨어 등의 구조와 작동방식 등을 설명하기 위한 도면이다. 선분만을 이용하여 표현하기 때문에 '와이어(wire)' + '프레임(frame)'이라 부른다. 대개 색상정보, 그림, 로고 등은 사용하지 않고 흑백(B/W) 혹은 그레이 스케일(gray scale)로 제작한다. 때로는 화면 간의 관계를 설명하기 위한 화살표, 텍스트, 터치인터래션 정보 등을 사용하기도 한다. 이렇게 흑백으로 작성하고 그림을 배제하는 이유는 작업 시간을 단축하여 비용을 줄이고 효과적으로 인터랙션을 보여주기 위해서다.

와이어프레임이라는 용어 외에도 스토리보드(story board), 프로토타입(prototype)이라는 용어를 쓰기도 하는데 와이어프레임이 상호간의 인터랙션을 보여주는 데에 반하여 스토리보드는 콘텐츠를 중심으로 보여준다는 어감상의 느낌이 있고 프로토타입은 보다 광범위하게 쓰이지만 대개 시제품을 지칭할 때 사용된다. 프로토타입은 대개 모형이나 시뮬레이션 등이 가능한 모델일 때 사용되며 UI/UX 디자인 외에도 제품 디자인, 자동차 디자인 등에도 많이 사용되는 용어이다. 사이트맵과 마찬가지로 와이어프레임을 제작하면 기획자-디자이너-개발자-클라이언트 등의 커뮤니케이션의 증진에도 도움이 된다. 다음 그림은 와이어프레임의 예시이다.

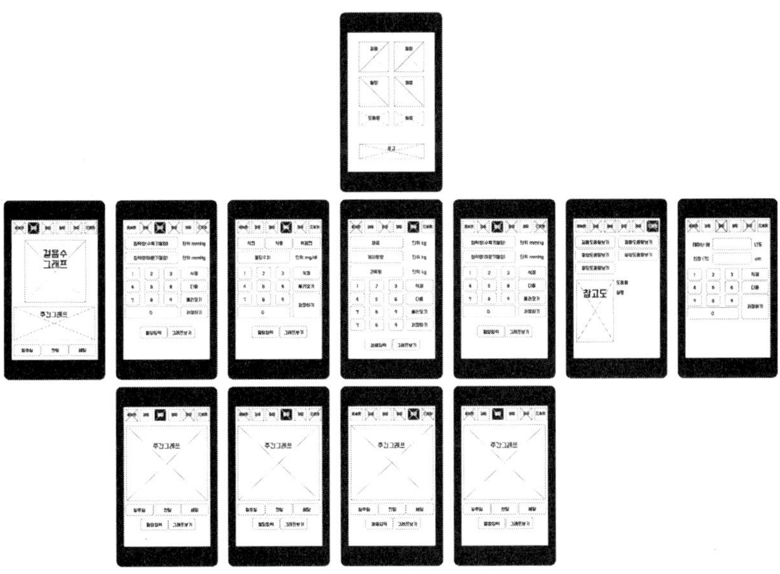

그림 3. 모바일 어플리케이션 와이어프레임

2. 웹 디자인

디자인이란 매우 광범위하게 사용되는 용어이다. 디자인은 각각의 분야에서 조금씩 다른 의미로 이해된다. 디자인이란 용어는 많은 전문 분야의 뒤에 붙는다. 공예 디자인, 건축 디자인, 패션 디자인, 그래픽 디자인, 인테리어 디자인, 게임 디자인, 소프트웨어 디자인, 자동차 디자인, 제품 디자인, 사운드 디자인, 서비스 디자인, UI/UX 디자인, 웹 디자인 등이 그 예이다.

대부분 창조적인 직업 뒤에 붙는 경우가 많지만 꼭 그렇지 않은 경우도 있다. 고속도로의 휴게소의 화장실에서 클린 디자이너라는 용어를 보았는데 휴게소 화장실 청소 노동자를 말하는 것이었고 보험설계사를 요즈음에는 라이프 디자이너라고 부르기도 한다. 이전에는 건축사 또는 건축 설계사라고 불렀지 건축 디자이너란 말을 쓰지는 않았지만 요새는 흔하게 사용한다. 점점 많은 영역에 디자이너라는 명칭을 붙이고 있는 것이다. 광범위하게 들리지만 디자인은 대개 사물(object), 시스템(system), 서비스(service) 또는 상호 작용(interaction) 등의 구축을 위한 계획(plan) 또는 관습이나 협약, 규칙(convention) 등을 만드는 것을 이야기 한다.

웹 디자인에서의 디자인은 웹 사이트가 심미적으로 보이면서도 사용하기 편리하게 작동할 수 있도록 하는 일련의 작업을 말한다. 이러한 작업을 수행하는 사람을 웹 디자이너라고 하며 미적 감각이 있고 이를 표현할 수 있으며, 웹에 대한 트렌드를 읽고, 사람의 온라인과 오프라인 행동 양식을 파악할 수 있어야 하며, 최신 웹 기술과 디자인 사조 등을 알고 있어야 한다.

디자인과 저작을 위한 다양한 소프트웨어를 다루어 원하는 바를 시각화하고 저작(authoring)하거나 코딩(coding)할 수 있는 능력을 가지고 있어야 한다. 또한 다른 여러 분야의 사람들과 커뮤니케이션 할 수 있는 능력도 매우 중요하다. 웹 디자인 단계에서는 디자이너가 제시한 시각 결과물을 클라이언트가 승인할 때까지 지속적인 디자인의 개선이 필요하고 협력적이고 서로 상생할 수 있는 관계 형성이 매우 중요하다.

3. 웹 코딩 및 제작

웹 사이트는 일반적으로 하나의 도메인 이름으로 식별되고 웹 서버에 게시되는 멀티미디어 컨텐츠를 포함한 웹 페이지의 모음이다. 웹 사이트는 사이트를 식별하는 URL(Uniform Resource Locator)을 참조하여 인터넷이나 개인 LAN(Local Area Network)과 같은 공용 인터넷 프로토콜(IP, Internet Protocol) 네트워크를 통해 액세스 할 수 있다.

웹 사이트를 이루는 웹 페이지는 월드 와이드 웹(WWW, World Wide Web) 및 웹 브라우저(web browser)에 적합한 도큐멘트이다. 웹 브라우저는 모니터 또는 모바일 스크린 등에 웹 페이지를 표시한다. 웹 페이지는 일반적으로 HTML 또는 이와 유사한 마크 업 언어(Mark-up Language)로 작성된 디지털 파일을 의미한다.

웹 브라우저는 스타일 시트, 스크립트 및 이미지와 같이 작성된 웹 페이지의 다양한 웹 자원 요소를 레이아웃하여 웹 페이지를 표시한다. 따라서 웹을 코딩하고 제작할 수 있다는 것은 HTML과 같은 마크 업 언어와 스타일 시트, 스크립트 등을 다룰 수 있어야 하며 데이터베이스를 생성하고 다룰 수 있는 능력 또한 갖추어야 한다.

가) URL(Uniform Resource Locator)

URL은 흔히 웹 주소, 인터넷 주소 또는 간단히 주소라고 부르는 것이다. 컴퓨터 네트워크상의 위치를 나타낸다. 웹 사이트의 위치를 나타낸다고 생각하지만 꼭 웹 사이트의 위치 뿐 만 아니라, FTP(File Transfer Protocol), 전자메일, 데이터베이스(DB), 파일 등 다양한 네트워크상의 위치를 모두 나타낼 수 있다. URL은 문자열의 제일 앞에 자원에 접근할 방법을 정의해 둔 프로토콜 이름을 적는다. URL에 접속하려면 해당하는 프로토콜을 알아야 한다. gopher, telnet, ftp, http, usenet 등이 프로토콜의 예시이다.

URL은 흔히 웹 브라우저 상단의 주소창에서 볼 수 있다. 웹 브라우저의 상단에는 대개 HTTP(Hyper Text Transfer Protocol)를 표시한다. URL은 흔히 '월드 와이드 웹의 창시자'라 불리는 팀 버너스리(Tim Berners-Lee)에 의해서 주창되었다. 팀 버너스리 경(Sir Tim Berners-Lee)은 영국의 컴퓨터 과학자이며 인터넷의 역사에서 가장 중요한 인물 중의 하나이다. 인터넷의 개발부터 보급에 있어서 많은 부분이 팀 버너스리 경에 의존되었다. WWW의 기본이 되는 하이퍼텍스트 시스템을 고안하고 개발했으며, URL, HTTP, HTML도 그에 의하여 설계 되었다. 1994년에 인터넷에 관한 표준을 제시하는 W3C(World Wide Web Consortium)[2)]를 설립하였다.

2) W3C(World Wide Web Consortium)는 월드 와이드 웹을 위한 표준을 개발하고 장려하는 조직이다. 팀 버너스 리 경을 중심으로 1994년 10월에 설립되었다. 웹

나) 프로토콜(Protocol)

프로토콜은 각 분야에서 다른 의미로 사용된다. 영어 protocol은 외교 의례(儀禮), 관습, 조약, 의정서, 요강, 통신 규약, 협약, 명제 등 광범위한 뜻을 가지고 있다. 인터넷에서의 프로토콜은 흔히 '통신 프로토콜'이라고 부르고 데이터를 주고 받는 체계, 약속이나 규칙을 의미한다. 인터넷에는 다양한 프로토콜이 존재하는데 중요한 프로토콜은 다음과 같은 것들이 있다.

- ARP(Address Resolution Protocol): 주소찾기 프로토콜
- DHCP(Dynamic Host Control Protocol): 동적 호스트 설정 프로토콜
- FTP(File Transfer Protocol): 파일 전송 프로토콜
- HTTP(Hyper Text Transfer Protocol): 하이퍼 텍스트 전송 프로토콜
- HTTPS(Secure Hyper Text Transfer Protocol): 보안 하이퍼 텍스트 전송 프로토콜
- IP(Internet Protocol): 인터넷 프로토콜
- POP3(Post Office Protocol version 3): 메일전송 프로토콜
- SFTP(Secure File Transfer Protocol): 보안 파일 전송 프로토콜
- SMTP(Simple Mail Transfer Protocol): 메일전송 프로토콜
- SOAP(Simple Object Access Protocol): 단순 객체 접근 프로토콜

표준과 가이드라인을 지속적으로 개발하고 있다. 여기에서는 이때까지 CSS, CGI, DOM, HTML, RDF, SVG, SOAP, SMIL, WSDL, XHTML, XML, XML 정보 집합, XPath, XQuery, XSLT 등에 대한 표준을 제정하였다.

- TCP(Transmission Control Protocol): 전송 제어 프로토콜
- Telnet(TErminaL NETwork): 원격 네트워크

다) 웹 브라우저

웹 브라우저(web browser, 브라우저)는 World Wide Web에서 정보를 검색, 표시 및 탐색하는 소프트웨어 응용 프로그램이다. 정보는 웹 페이지, 이미지, 비디오 또는 멀티미디어 컨텐츠 등이 될 수 있고, 대개 URI/URL(통합자원식별자, Uniform Resource Identifier)로 식별된다. 하이퍼링크(Hyperlink)를 통해 사용자는 브라우저에서 관련 리소스를 쉽게 탐색할 수 있다.

웹 브라우저는 기본적으로 World Wide Web을 사용하기 위한 것이지만 개인 네트워크나 파일 시스템의 파일에서 웹 서버가 제공하는 정보에 액세스하는 데에도 사용할 수 있다. 최근에는 웹 브라우저에서 다양한 어플리케이션을 사용할 수 있기도 하다.

주요 웹 브라우저는 파이어 폭스, 구글 크롬, 인터넷 익스플로러, 마이크로 소프트 에지, 오페라, 애플 사파리 등이 있다. 웹 브라우저의 점유율은 전 세계적으로 매우 유동적이다. 인터넷 역사의 시작 이래로 국가별 점유율 1위 브라우저도 지속적으로 변해왔다.

첫 번째 웹 브라우저는 팀 버너스 리에 의해서 1990년도에 만들어졌다. 최초의 브라우저의 이름은 단순히 '월드와이드웹(WorldWide Web)' 이었다. 추후 '넥서스(Nexus)'라고 다시 이름 붙여졌다. 이 브라우저는 그래픽 유저 인터페이스를 가지고 있지 않은 기초적인 형태였다.

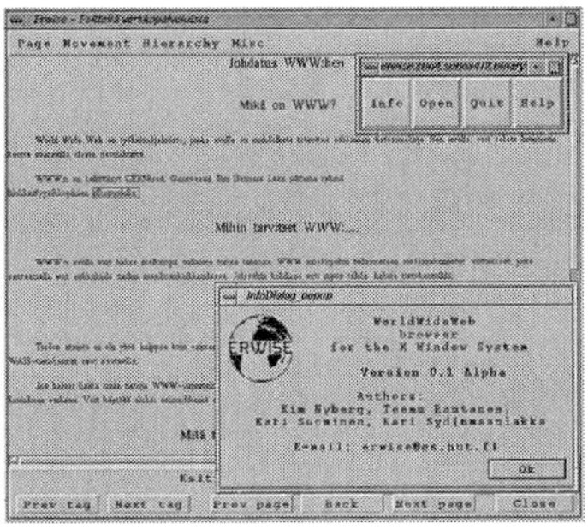

그림 4. Erwise

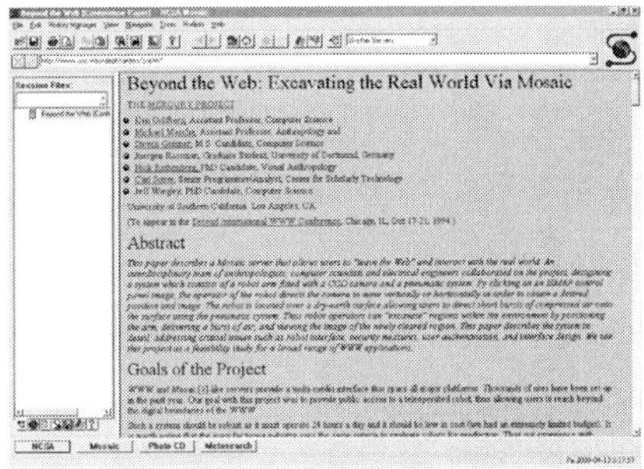

그림 5. Mosaic

그래픽 유저 인터페이스를 가진 최초의 웹 브라우저이자 일반인들이 사용하기 시작한 웹브라우저는 '얼와이즈(Erwise)'라고 하며 로버트 카일리아우(Robert Cailliau)라는 사람이 만들었다. 상단 그림 왼쪽이 얼와이즈의 스크린샷이다.[3)]

1993년에 웹 브라우저는 마크 앤드리슨(Marc Andreessen)의 모자이크(Mosaic)에 의해 획기적으로 개선되었다. 위 그림의 오른쪽이 모자이크의 스크린 샷이다.[4)]

마크 앤드리슨은 곧 자신의 회사를 설립하였고 넷스케이프(Netscape)라는 회사를 만들었다. 넷스케이프는 넷스케이프 네비게이터(Netscape Navigator)라는 웹 브라우저를 1994년도에 만들었고 이 웹 브라우저는 한 때 90% 이상의 점유율을 기록하였다. 다음 그림은 넷스케이프 네이게이터이다.

---

3) https://en.wikipedia.org/wiki/Erwise#/media/File:Erwise5.jpg

4) https://en.wikipedia.org/wiki/Mosaic_(web_browser)#/media/File:NCSA_Mosaic.PNG

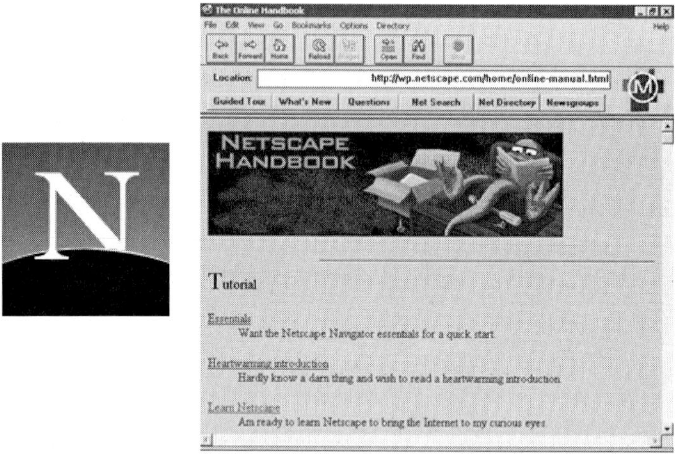

그림 6. Netscape Navigator

이에 대항하여 마이크로소프트는 인터넷 익스플로러(Internet Explorer)로 대응하였고 2002년에는 95%라는 기록적인 점유율을 기록하기도 하였다.

오페라(Opera)라는 브라우저는 1996년도에 데뷔하였다. 1998년도에 넷스케이프는 오픈소스 기반의 웹 브라우저를 제안하였고 이는 후에 모질라 파운데이션(Mozilla Foundation)의 기초가 된다. 추후 2004 이는 파이어폭스(Firefox)의 모체가 된다.

2003년도에는 애플에서 사파리의 베타버전을 제시하였고 2008년도에는 구글에서 크롬(Chrome)이 출시되었다. 윈도우즈 10에서는 마이크로소프트 에지(Microsoft Edge)가 선보였다.

라) IPv4와 IPv6

현재 우리가 주로 사용하고 있는 IP 주소 체계는 32bit 주소체계인 IPv4를 사용하나 차세대 IP주소는 IPv6로 128bit의 주소를 사용한다. IPv4의 최대 할당 가능한 IP 개수가 2의 32제곱으로 4,294,967,296개(약 43억개)에 불과하다. 전 인구를 정확히 파악하기는 쉽지 않지만 현재 인구를 75억에서 80억 명으로 계산한다. 한 명 당 하나의 IP를 할당하기 힘든 것이다. 따라서 IPv4 주소의 고갈을 대비하고 보안 능력을 강화하기 위해 IPv6가 개발되었다. IPv4와 IPv6의 특성은 다음 표와 같다.

표 2. IPv4와 IPv6의 비교

구분	IPv4	IPv6
주소할당	32비트	128비트
진수	10진수	16진수
표시방법	8비트씩 4부분으로 128.256.64.101	16비트씩 8부분으로 2001:0db8:0a0b:12f0:0000 :0000:0000:0001
주소갯수	약 43억개	43억 x 43억 x 43억 x 43억개[5)

4. 유지 · 보수

유지·보수 단계에서는 웹사이트가 원활하게 오류 없이 돌아가게 하는 활동, 웹 표준에 규정에 맞게 개정하거나 콘텐츠를 최신의 것으로 업데이트하는 활동 등을 한다.

업데이트란 새로운 제품이 출시될 경우나 새로운 이벤트가 있을

5) IPv6의 최대 할당 IP 개수는 2의 128제곱인 약 340간 개 340,282,366,920,938,463,463,374,607,431,768,211,456개라고 한다.

경우 콘텐츠의 변경이나 추가 등이 있을 경우 이루어진다. 온라인 쇼핑몰이나 포털 사이트의 경우는 이러한 업데이트가 수시로 일어난다. 업데이트에는 팝업창의 수정과 제작, 텍스트, 이미지의 수정이나 교체, 동영상 파일의 업로드 및 신규페이지의 제작, 게시판 생성 등이 있을 수 있으며 고객관리를 위한 고객데이터의 수집 및 관리, 고객관리를 위한 다양한 활동 또한 이러한 유지·보수의 범주 안에 넣을 수 있다.

웹 사이트를 만드는 것보다 더 중요한 것이 좋은 서비스를 지속적으로 제공하는 것이다. 사용자가 항상 사이트에 관심을 가질 수 있도록 서비스를 기획하고 최신의 상태로 유지할 수 있어야 한다. 유지·보수로 요구를 다 반영하지 못할 경우에 웹사이트를 새로 제작하거나 리뉴얼(renewal)하는 작업을 한다.

5. 웹 표준과 웹 접근성

가) 웹 표준

웹 표준이란 월드 와이드 웹을 서술하고 정의하는 공식 표준 혹은 기술 규격을 가리키는 일반적인 용어이다. 보통 인터넷을 이용할 때 같은 웹페이지라면 어느 운영체제나 브라우저를 사용하는지 여부에 상관없이 그 웹페이지가 똑같이 보이고 정상적으로 작동해야 함을 의미한다. 이를 '크로스 브라우징(Cross Browsing)'이라 한다. 웹 사이트를 작성하는 데 웹 표준의 중요도가 높아지고 있으며 웹 디자인, 개발과 관계가 많이 있다. 웹 표준에 관련한 것들은 다음과 같은 기관들이 관여한다.

- W3C (World Wide Web Consortium) - 대표적으로 HTML과 CSS의 표준을 정하는 기관
- 국제 인터넷 표준화 기구(IETF)가 출판한 인터넷 표준(STD) 문서
- 국제 인터넷 표준화 기구 (IETF)가 출판한 RFC (Request for Comments) 문서
- 국제 표준화 기구(ISO)가 출판한 표준들
- Ecma 인터내셔널(이전 이름은 ECMA)이 출판한 표준들 - JavaScript 표준이 여기서 정해짐
- 유니코드 컨소시엄이 출판한 유니코드 표준과 다양한 유니코드 기술 보고서 (UTR)
- 인터넷 할당 번호 기관(IANA)이 운영하는 이름과 번호 레지스트리

"인터넷의 정보는 차별 없이 제공되어야 한다."라는 명제는 당연한 것이지만 지켜지지 않는 경우가 많다. 특히 공공기관에서 Internet Explorer 등 특정한 브라우저만 지원한다면 전 국민이 특정한 운영체제, 특정한 브라우저를 써야 한다. 그렇다면 전 국민이 특정 회사의 운영체제인 윈도우즈 라이선스를 가지고 있어야 하는 것이다. 만약 모든 국민이 강제로 애플사의 iOS를 써야 한다면 어떠한 일이 벌어질 것인가?

리눅스, 안드로이드, iOS 등 운영체제의 대안이 많은 지금, 웹 표준을 지키지 않고 특정한 브라우저나 운영체제를 지원하는 것은 시대를 역행하는 것이다.

나) 반응형 웹

반응형 웹(Responsive Web)이란 단말기의 형태나 해상도, 크기 등에 맞추어 반응하는 웹을 이야기한다. 요즈음 많은 인터넷 단말기들은 각기 다른 화면 크기와 해상도를 가지고 있다. 다양한 해상도에 대응하기 위하여 하루에 수도 없이 쏟아져 나오는 새로운 단말기 해상도를 콘텐츠 제공자가 일일이 기억할 수는 없다. 반응형 웹은 사용자가 특정 해상도를 가진 스크린을 사용한다고 가정하지 않는 것으로부터 출발한다. 반응형 웹은 모든 해상도를 커버할 수 있고, 특정 해상도 범위에 제한적으로 적용할 수도 있으며, 적절한 중단점(breakpoint)을 제공하여 웹 서비스를 제공하는 것을 의미한다. 중단점이란 일정 사이즈가 되면 콘텐츠의 표현 형태가 변하는 지점을 이야기 한다. PC환경에서 브라우저의 좌우 폭을 조절하다 보면 반응형 웹이 적용이 되었는지 여부를 알 수 있다. 넓은 의미에서는 단말기의 종류를 감지하여 그 기기에 맞는 웹 페이지를 보여주는 것도 반응형 웹의 한 종류하고 할 수도 있다.

그림 7. 반응형 웹의 개념도

다) 웹 접근성

W3C의 정의에 의하면 웹 표준성은 "접근성", "사생활 보호", "보안", "국제화"의 측면을 고려하여야 한다. 이 중에 접근성을 흔히 "웹 접근성"이라고 한다. 웹 접근성은 웹 표준성과 함께 많이 언급되는 개념이다. 웹 접근성을 보장하는 웹 사이트에 다음 그림과 같은 인증마크를 붙인다.[6)]

그림 8. 웹 접근성 인증마크

웹접근성은 장애 여부에 상관없이 누구나 원활하게 웹페이지를 이용할 수 있어야 한다는 것을 의미한다.

예를 들어 시각장애인의 경우 다음과 같은 것을 고려하여 웹사이트가 디자인 및 제작되어야 한다.

- 시각장애인은 스크린 리더라는 소프트웨어를 컴퓨터에 설치해서 인터넷을 이용한다.
- 스크린 리더는 모니터에 비춰지는 내용을 인식해서 음성, 점자로

---

6) 한국정보화진흥원, 미래창조과학부

출력해주는 역할을 수행한다.

- 예를 들어 화면에 '메뉴'라는 텍스트가 있으면 이를 인식해서 '메뉴'라는 음성이 나오는 방식이다.
- 특히 이미지의 경우, '메뉴'라는 링크가 있을 때 텍스트로 집어넣지 않고 '메뉴'라고 그려진 이미지만을 사용한다면 비시각장애인의 눈에는 똑같이 '메뉴'라고 보이지만 스크린리더라는 소프트웨어 입장에서는 그저 하나의 이미지일 뿐이다.
- 되도록이면 이미지를 사용하지 말고 소스 코드에 내용을 그대로 담는 것이 권장된다.
- 부득이하게 이미지를 사용할 경우 반드시 이 이미지가 어떤 내용인지 설명을 추가하여야 한다.

```
<button>메뉴</button>
<img src="images/button.jpg" alt="메뉴 버튼" />
```

추후에 HTML을 다루지만 웹에서는 위와 같이 메뉴 버튼을 두 가지 방식으로 구현할 수 있다.

윗줄은 <button>태그를 이용해서 구현하는 방식이고 아래 줄은 버튼 모양의 이미지를 쓰는 방식이다. 둘 중 어느 방식을 쓰던 버튼의 기능은 그대로 구현할 수 있다. 하지만 되도록이면 윗줄의 방식을 쓰는 것이 권장된다. 'button'태그를 쓰고 있기 때문에 스크린리더가 '메뉴'라는 텍스트가 담긴 '버튼'이라는 것을 사용자에게 올바르게 음성을 이용하여 전달할 수 있기 때문이다.

하지만 부득이하게 이미지를 쓴다면 'alt'라는 속성을 추가한 뒤 이 이미지가 무슨 이미지인지 설명하는 텍스트를 추가하면 스크린 리더는 이를 '메뉴 버튼'이라는 이미지로 인식해 사용자에게 음성을 정보를 전달해 줄 수 있다. 'alt' 안에 있는 내용을 읽어주는 것이다.

또한 홈페이지를 제작할 때에는 색맹이나 색약을 위한 색상계획을 하는 것을 권장한다. 홈페이지 디자인을 할 때에 그것이 색맹이나 색약을 가진 사용자에게 어떻게 보이는 지를 미리 알 수 있게 시뮬레이션을 해 주는 사이트 등을 이용하면 색맹이나 색약자에게 적절한 색상계획을 할 수 있다.[7)]

W3C에서는 웹 접근성 지침으로 '인지 가능성', '작동 가능성', '가독성', '호환성' 등 크게 네 가지 지침을 제시하며 그 내용은 다음과 같다.

(1) 인지 가능성

- 정보와 사용자 인터페이스 구성물은 사용자가 인지할 수 있는 방식으로 제공돼야 한다.
- 텍스트가 아닌 콘텐츠가 있을 경우 이를 텍스트로 이루어진 대체 콘텐츠와 함께 제공하라.
- 시간에 기반한 미디어(사전 녹음된 음성이나 영상, 생방송 영상)가 있을 경우 이와 함께 대체 콘텐츠를 제공하라.
- 제공해야 하는 정보를 온전히 전달하고 필요한 구조를 온전히 유지하는 선에서 더 간단한 레이아웃으로 사용자에게 전달할 수 있

7) http://www.color-blindness.com/coblis-color-blindness-simulator/

도록 콘텐츠를 만들어라.

- 배경에서 내용물을 분리해내는 것을 포함해 사용자가 콘텐츠를 보거나 읽는 것을 더 쉽게 해낼 수 있도록 만들어야 한다.

(2) 작동 가능성

- 오직 키보드만으로 모든 기능을 사용할 수 있도록 해야 한다.
- 사용자가 콘텐츠를 읽을 충분한 시간을 제공해야 한다.
- 사용자가 신체적 발작을 일으킬 가능성이 있는 방법으로 콘텐츠를 제작하지 말아야 한다.
- 사용자가 웹페이지를 살펴보고, 필요한 내용을 찾고, 지금 어느 부분을 보고 있는 것인지 알 수 있도록 해야 한다.

(3) 가독성

- 텍스트로 이루어진 콘텐츠를 읽을 수 있도록, 이해할 수 있도록 만들어야 한다.
- 웹페이지가 사용자가 예측할 수 있는 방향으로 보이고 작동하도록 만들어야 한다.
- 사용자가 실수를 피할 수 있고 고칠 수 있도록 해야 한다.

(4) 호환성

- 장애가 있는 사용자를 위한 보조기술을 포함해, 최신기술 그리고 앞으로 사용될 기술과 호환 가능하도록 만들어야 한다.

제2장 인터넷

본 책에서 이야기되는 모든 것은 인터넷이라는 전 세계적인 네트워크가 보급되었기에 가능한 것이다.

인터넷은 'TCP/IP를 사용하여 전 세계에 있는 장치를 상호 연결하는 컴퓨터 네트워크 시스템'이다. 광범위한 전자, 유·무선 및 광 네트워킹 기술로 연결되어있으며 개인, 공공, 학업, 비즈니스 및 정부 네트워크를 망라하는 세상에서 가장 크고 강력한 네트워크이고 이는 지속적으로 확장되고 있다.

인터넷은 상호 연결된 하이퍼텍스트 문서 및 월드 와이드 웹(WWW) 응용 프로그램, 전자 메일, 전화, 통신 및 파일 공유를 위한 P2P(peer to peer) 방식의 네트워크이며 광범위한 정보 자원 및 서비스를 전달할 수 있다.

인터넷은 생각보다 많은 부분에서 우리 생활에 개입하고 있다. 요즈음 대부분의 TV는 인터넷 망을 통하여 가정에 보급되며(IPTV) 유·무선전화 또한 인터넷 망과 연동(VoIP)된다. 가정과 사무실은 물론이고 커넥티드 카(connected car), 유비쿼터스 컴퓨팅(ubiquitous computing) 등 언제 어디서나 산소처럼 인터넷을 소비하는 시대가 되고 있다.

1. 인터넷의 중요 역사

가) 인터넷의 시작

인터넷은 최초에 군사적인 목적으로 제작되었다. 1960년대 미국과 소련의 동서냉전시대에 미국은 어떠한 공격에도 살아남을 수 있는 통신수단을 구축하길 원했고, 방위관련 연구에 종사하는 조직들 상호간에 어떠한 상황에서도 존속 가능하고 안전한 통신 네트워크를 필요로 함에 따라 만들어졌다. 이를 위하여 1969년에 미국 국방성의 선진(고등) 연구 사업 기관(ARPA, Advanced Research Projects Agency)을 중심으로 이 취지에 맞는 네트워크를 구축하였고, 이를 아르파넷(ARPANet, Advanced Research Projects Agency Network) 이라고 이름 붙였다.

1970년대에서 80년대에 냉전이 완화되면서 다른 분야의 연구원들과 대학에서도 이 네트워크를 실험적으로 이용하기 시작하였고 1986년 미국 과학 재단(National Science Foundation, NSF)이 ARPANet으로 부터 TCP/IP 기술을 넘겨받아, 더욱 많은 통신량을 전송할 수 있는 분산 네트워크용 기간망(backbone network)을 공급하기 시작하였다.

- 1989 팀 버너스리가 WWW 개발 제안
- 1992 WWW 서비스 시작
- 1993 마크 앤드리슨[8])이 모자이크 발표

---

8) 마크 앤드리슨(Marc Andreessen)은 미국의 소프트웨어 개발자이며 모자이크라는 웹 브라우저를 개발했으며 전 세계에서 한 때 가장 많이 사용되었던 넷스케

• 1994 마크 앤드리슨과 SGI사장 짐 클라크가 넷스케이프 발표
• 1995 인터넷 수요의 증가로 NSFNet Backbone이 사라지고 상용망 등장

우리나라의 인터넷도 다른 나라에 비해 매우 빨리 도입 되었다. 1982년 서울대학교와 구미의 KIET(산업연구원) 사이에 SDN(System Development Network)을 사용하여 연결된 것이 제일 처음 인터넷이 사용된 사례이다. 주로 연구 개발용으로 사용되었지만 1990년 하나망의 전용선 시작되었고 1994년에는 한국통신의 코넷(Kornet)이 일반인이 인터넷을 사용할 수 있도록 서비스를 시작하였다.

우리나라의 인터넷 보급은 아이러니컬하게도 IMF 시절 PC 방이 급속하게 성장하면서 시작되었다. 1998년에는 전국의 약 3000여 곳에 PC 방이 생겼으며 2001년에는 약 21000여곳에 PC 방이 운영을 하였다. 현재는 역 10000에서 13000여개의 PC 방이 성업 중이며 점차 대형화 추세를 보이고 있다.

나) 인터넷의 시대구분

인터넷의 시대구분은 여러 가지 이론이 있을 수 있지만 크게 다음과 같이 네 단계로 나눠보는 것이 타당하다.

• 1기인 1995년에서 2000년도에는 인터넷이 최초로 상업화되기 시

이프 내비게이터 또한 직접 개발하였다. 호로위츠라는 벤처 캐피털 회사를 설립하고, 페이스북, 트위터, 인스타그램, 에어비앤비, 그루폰, 스카이프, 징가, 포스퀘어, 오큘러스 VR, 깃허브 등 수많은 벤처 기업에 투자하여 큰 성공을 거두었다. (https://ko.wikipedia.org/wiki/마크_앤드리슨)

작하면서부터 닷컴기업이 성장한 시기이자 인터넷 버블로 인하여 닷컴 붕괴까지 이루어진 시기이다. 이 시기에 우리나라는 인터넷의 도입되고 많은 닷컴기업이 생겼으며 IMF를 겪으며 큰 구조조정을 겪은 격변기였다.

- 2기 2001년에서 2006년까지로 닷컴 붕괴 이후부터 웹2.0의 등장 이전까지의 시기이다. 인터넷 기업들이 흥망성쇠를 거듭하며 현재의 사업구도를 잡아가던 시기였다. 인터넷의 보급이 급속하게 이루어져 보편화가 되던 시기이다.
- 3기는 2006년부터 2010년 까지로 웹 2.0이 등장한 시기이다. 3기는 모바일이 보편화되는 시대로 넘어갈 때까지를 칭하는 것이 타당하다.
- 4기는 2010년부터 현재까지로 정의할 수 있다. 애플이 아이폰을 내어 놓고 이것이 보급이 되고 또한 안드로이드 진영이 등장하며 기존의 노키아와 모토롤라와 같은 기업이 급속하게 힘을 잃기도 하였다. 유비쿼터스 컴퓨팅이 본격적으로 이루졌으며 모바일 웹과 스마트 폰이 이 시기의 키워드이다.

대표적인 닷컴기업들의 창업년도를 보면 인터넷의 역사를 알 수 있다. 현재까지 해외와 우리나라의 주요 닷컴기업의 창립년도를 정리해 보았다.

- 1994년 : Yahoo
- 1995년 : Amazon, eBay, Lycos, MSN, 다음, 넥슨
- 1997년 : 골드뱅크, 옥션, 야후 코리아
- 1998년 : Google

- 1999년 : 싸이월드, 네이버, 아이러브스쿨, 한게임, 세이클럽
- 2000년 : 넷마블, 프리챌
- 2001년 : Wikipedia, 네이트
- 2003년 : Myspace, 피망
- 2004년 : FaceBook, flickr, 파란, 판도라TV
- 2005년 : YouTube

다) 인터넷의 계층구조

인터넷의 계층은 구분방식에 따라 일곱 계층 혹은 네 계층으로 나눈다. 구분 방식은 다음 그림과 같다.9)

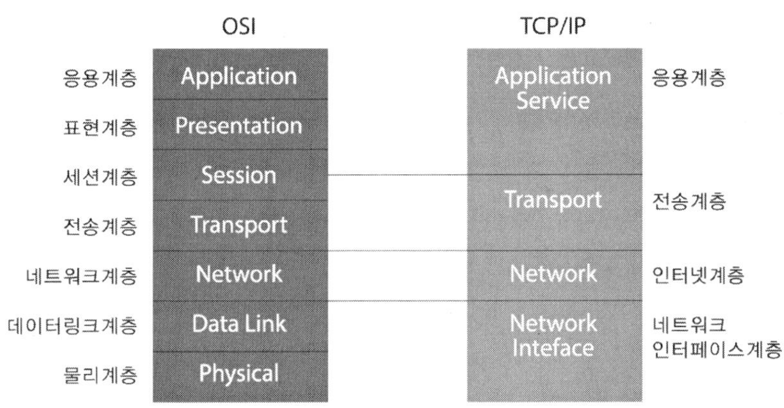

그림 9. 인터넷의 계층구조

(1) OSI 7계층

1997년 국제 표준화 기구(ISO : International Standard Organ-

---

9) optimus5.com

ization)는 서로 다른 시스템 간의 원활한 통신을 위해 OSI(Open System Interconnection) 7계층이라는 프로토콜을 제정하였다. 이 프로토콜은 통신을 위한 표준적인 방법을 제시하고 표준과의 관계 및 향후 개발되는 표준과의 관계를 명확히 하기 위해 개발되었다. 그 일곱 계층은 다음과 같다.[10)]

① 응용 계층: 응용 계층(Application layer)은 응용 프로세스와 직접 관계하여 일반적인 응용 서비스를 수행하는 계층이다.
② 표현 계층: 표현 계층(Presentation layer)은 코드 간의 번역을 담당하는 계층이다.
③ 세션 계층: 세션 계층(Session layer)은 양 끝단의 응용 프로세스가 통신을 관리하기 위한 방법을 제공하는 계층이다.
④ 전송 계층: 전송 계층(Transport layer)은 양 끝단(End to end)의 사용자들이 신뢰성 있는 데이터를 주고받을 수 있도록 해 주는 계층이다.
⑤ 네트워크 계층: 네트워크 계층(Network layer)은 여러 개의 노드를 거칠 때마다 경로를 찾아주는 역할을 하는 계층이다.
⑥ 데이터링크 계층: 데이터 링크 계층(Data link layer)은 포인트 투 포인트(Point to Point) 간 신뢰성있는 전송을 보장하기 위한 계층이다.
⑦ 물리 계층: 물리 계층(Physical layer)은 네트워크의 기본 네트워크 하드웨어 전송 기술을 이룬다.

10) https://ko.wikipedia.org/wiki/OSI_모형

(2) TCP/IP 4계층

하지만 실제로 인터넷에서 사용되는 프로토콜은 TCP/IP이다. OSI 계층과 달리 TCP/IP 프로토콜은 기능별로 분화된 4계층으로 구성되어있다. 그 네가지 계층은 다음과 같다.

① 응용 계층(Application Layer) : 사용자에게 실제 데이터를 전달하는 기능을 가진 계층

② 전송 계층(Tranport Layer) : 데이터를 신뢰성 있게 전송하는 것을 보장하는 기능을 가진 계층

③ 인터넷 계층(internet Layer) : 데이터 전송 경로를 정하는 기능을 가진 계층

④ 네트워크 접속 계층(Network Interface Layer) : 물리적으로 데이터를 전송하는 방법을 정의하는 계층

라) 인터넷의 특징

인터넷은 전세계에서 가장 큰 네트워크이다. 그 외에 인터넷의 특징을 다음과 같이 크게 다섯 가지로 정리할 수 있다.

① Opened, 개방성: 인터넷은 개방적인 네트워크로 누구든지 사용할 수 있다.

② Public Ownership, 공동 소유: 인터넷은 소유자나 운영자가 없다.

③ Real Time, Multimedia, 실시간, 멀티미디어: 실시간으로 접속되는 매체이며 다 방향성을 가진 멀티미디어 네트워크이다.

④ Public, Inexpensive, 대중적, 저렴함: 인터넷은 저렴하고 대중

적인 네트워크이다.

⑤ Evolutional, 진화: 인터넷은 계속 발전하고 팽창하고 진화하는 네트워크이다.

마) Web 2.0

Web 2.0은 2004년 10월 미국 오라일리 미디어[11]의 부사장 데일 도허티(Dale Dougherty)가 처음으로 언급하였고 팀 오라일리(Tim O'Reilly)[12]와 존 바텔(John Battelle)[13]이 웹의 변화를 이야기하면서 널리 알려지기 시작하였다. Web 2.0은 단순한 웹사이트의 집합체를 Web 1.0으로 보았을 때의 상대적인 개념으로, 웹 애플리케이션을 제공하는 플랫폼으로의 발전을 Web 2.0이라고 지칭하기 시작하면서 생겨난 개념이다.

Web 2.0의 특성으로는 개방, 참여, 공유를 들 수 있다. 누구에게나 열려있으며 누구나 이에 참여를 할 수 있고 공유할 수 있다. 웹을 플랫폼으로 사용하여 웹 자체가 마치 하나의 운영체제처럼 사용할 수도 있으며 이 위에 소프트웨어, 어플리케이션을 지속적으로 개정하여 제공하기도 한다. 또한 다양한 소스나 자원으로부터 받은 데이터를 소비하고 재구성하는 것이 가능하며 자신이 가진 데이터와 서비

---

11) O'Reilly Media(오라일리 미디어, 이전 O'Reilly & Associates)는 팀 오라일리가 설립한 회사이다. 출판과 웹 사이트를 제작하고 컴퓨터에 관한 주제로 컨퍼런스를 여는 미국의 미디어 회사이다. http://www.oreilly.com/

12) 팀 오라일리(Tim O'Reilly) 오라일리 미디어이 설립자, 오픈 소스(open source)라는 말과 Web 2.0이라는 개념을 처음 이야기한 사람이다.

13) 존 바텔(John Linwood Battelle)은 기업가, 작가 및 저널리스트이다다. 1990년대 닷컴시절에 Wired라는 잡지를 출범시키는 데 도움을 주었고 The Industry Standard라는 뉴스 사이트를 시작하기도 하였다.

스도 타인이 재구성할 수 있도록 제공하는 것 또한 특징이다. 즉, 참여 구조를 통해 네트워크 효과를 극대화 하는 것을 의미한다. 풍부한 사용자 경험(user experience)을 제공하기 위해서 기존 웹에 대해 연상되는 모든 것을 뛰어넘는 것을 특징으로 한다.

따라서 Web 2.0은 항상 진화하고 움직이고 변화하기 때문에 '영원한 베타'라고 칭하기도 한다.

2. 인터넷의 기술

가) 인터넷 네트워크의 거리에 따른 분류

인터넷 네트워크는 그 도달 범위에 따라 'PAN', 'LAN', 'MAN', 'WAN' 네 가지로 나눌 수 있다. 기술이 발달함에 따라 각 무선네트워크의 도달 범위는 점점 늘어나기도 한다.

(1) PAN(Personal Area Network)

1인 망을 의미한다. 개인망이라고 부르며 유선망의 경우 USB, Firewire, 무선망의 경우 블루투스, IrDA[14], UWB[15], ZigBee 등이 대표적이다. 무선 개인망은 WPAN(Wireless Personal Area Network)이라고 부른다. 대개 10m 내외의 거리에 도달한다.

(2) LAN(Local Area Network)

근거리망, 근거리 통신망, 구내정보통신망이라고도 한다. 지역망,

---

14) Infrared Data Association
15) Ultra-wideband

랜선, 무선 랜이라고도 한다. 무선 근거리망은 WLAN (Wireless Local Area Network)이라고 부른다. 네트워크 매체를 이용하여 집, 사무실, 학교 등의 건물과 같은 가까운 지역을 한데 묶는 컴퓨터 네트워크이다.

(3) MAN(Metropolitan Area Network)

대개 LAN보다는 크고 WAN보다는 작은 망으로 도시 지역 통신망이라 부른다. 도시나 캠퍼스 등에서 사용되고 DSL 전화망, 소도시 케이블 TV 네트워크 등을 생각하면 된다. 마찬가지로 무선 도시 지역 통신망은 WMAN(Wireless Metropolitan Area Network)이라고 부른다.

(4) WAN(Wide Area Network)

원거리망, 광역망, 3G, LTE, 5G 등으로 부른다. 국가, 대륙 등과 같은 넓은 지역을 연결하는 네트워크를 뜻한다. 보통 우리가 사용하는 무선전화 네트워크를 생각하면 된다. 무선 광역통신망은 WWAN (Wireless Wide Area Network)라고 부른다. 최근 들어 전 세계를 묶는 네트워크에 대한 관심이 늘어나고 있다.

나) 인터넷 통신망의 종류

인터넷을 사용할 수 있는 통신망은 여러 가지가 있다. 그 중 대표적인 것을 다음과 같이 정리하였다.

(1) DSL(Digital Subscriber Line)

디지털 가입자 회선, xDSL이라고도 한다. 일반 전화선으로 고속 데이터 전송을 지원하는 기술이다. 지역 전화망을 통해 디지털 데이터 전송을 제공하는 기술의 계열이다. DSL은 원래 디지털 가입자 루프(Digital Subscriber Loop)를 대표하는 말이었으나, 디지털 가입자 회선이라는 말이 상용화할 때의 용어에 적합하다고 판단하여 이 낱말이 많이 쓰이게 되었다. DSL은 높은 주파수를 사용하며, 일반 전화는 낮은 주파수를 사용한다. 점차 이 사용자의 수는 줄어들고 있다.[16)]

(2) ADSL(Asymmetric DSL)

비대칭형 디지털 가입자 회선으로 수신과 송신 도가 달라 비대칭이라고 부른다. ADSL(Asymmetric Digital Subscriber Line, 비대칭형 디지털 가입자 회선)은 DSL의 한 형식으로, 구리 전화선을 통해 전통적인 보이스 밴드 모뎀보다 데이터를 더 빠르게 전송하도록 도와 주는 데이터 통신 기술이다. SDSL과의 차이를 보면, SDSL은 데이터 업로드 속도와 다운로드 속도가 똑같은 데 반해 (대칭형), ADSL은 언제나 업로드 속도가 다운로드 속도보다 느리다.[17)]

(3) SDSL(Symmetric Digital Subscriber Line)

상·하향 속도가 비대칭형 디지털 가입자 회선(ADSL)과 달리 상하향 속도가 동일해 상향 속도가 중요한 기업의 특성에 적합한 솔루션으로 평가받고 있다. 가정용 초고속 인터넷 시장에서도 ADSL에

16) https://ko.wikipedia.org/wiki/디지털_가입자_회선
17) https://ko.wikipedia.org/wiki/비대칭_디지털_가입자_회선

비해 30%이상 저렴하다. 일반적으로 xDSL의 발전 방향은 전송속도와 전송거리에 따라 IDSL > HDSL/SDSL > ADSL/RADSL/UDSL > VDSL 등으로 진행되는 것으로 평가하고 있다. 국내에서는 SDSL이 2000년부터 조금씩 관심을 끌고, 상용 서비스도 시작되지만 실상은 ADSL보다 먼저 나온 기술이라고 할 수 있다. ADSL이 일반 가입자 가정을 대상으로 하는 데 반해, SDSL은 기업 LAN을 통해 고속으로 인터넷에 접속하길 원하는 중소기업 기업 환경에 적합한 기술이다.[18]

(4) HDSL(Highbitrate Digital Subscriber Line)

고속 디지털 가입자회선. 기업 내부에서나, 또는 전화회사와 고객 사이의 광대역 디지털 전송을 위해서 사용되었던 것으로 기존 가입자의 전화 선로를 이용해서 별도의 중계장치 없이 T1(1.544Mbps)이나 E1(2.048Mbps)급의 고속전송을 가능하게 해주는 장비를 말한다. HDSL은 주문형 비디오의 일종인 VDT 서비스 등에 필요한 핵심기술로 구리선을 통해 E1(2.048Mbps)까지 전송할 수 있다. HDSL(고속 DSL)은 2개의 구리 회선을 이용하는 SDSL과 다르게 데이터 속도가 같은 대칭형이어서 T1(1.544M)/E1(2.048M)급 전용회선 서비스에 이용되며 광케이블을 통해 T1/E1급 전용회선을 구축하는 데 소요되는 시간과 인력을 훨씬 줄일 수 있다는 장점이 있다.[19]

---

18) 매경용어사전, SDSL
19) 매경용어사전, HDSL

(5) VDSL(Very high bit rate Digital Subscriber Line)

초고속 디지털 가입자 회선이라 부른다. ADSL보다 한 단계 상위 개념인 차세대 초고속 인터넷 서비스이다. 하향(다운로드)과 상향(업로드) 전송 속도에 큰 격차를 보이는 ADSL에 비해 양방향 동일한 속도를 보여 2~5배 빠른 전송속도를 가진다. 요금도 ADSL과 큰 차이가 없고 기존의 전화선을 이용한다.[20]

다) 네트워크 구조

모든 네트워크는 나름대로의 구조를 가지고 있다. 이를 네트워크 구조(Network Topology)[21]라고 부른다. 네트워크 구조 또는 네트워크 접속 형태는 네트워크에 연결된 허브(Hub)와 여러 노드(node)의 상호 연결방법을 보여준다.

허브란 네트워크에서 여러 노드의 집결지를 이야기한다. 여러대의 컴퓨터나 장비를 연결하는 장치를 허브라고 부르기도 한다. 또 한국의 인천공항, 미국의 애틀랜타 공항, 네덜란드의 스키폴 공항, 영국 히드로 공항, 도쿄 나리타 공항 등 여러 주요 항공기가 취항하고 주변부의 중소 공항으로 연결하는 공항을 허브 공항이라고 부르기도 한다.

네트워크에서 노드란 연결점을 의미한다. 데이터 송신의 재분배점 또는 끝점을 말하기도 한다. 노드와 노드를 연결한 것을 링크(Link)라 부른다.

다음 그림에서 왼쪽의 그림은 하나의 허브와 수십 개의 노드를 가

20) 매경용어사전, VDSL

21) Topology: 위상, 컴퓨터 네트워크에서 노드의 물리적 또는 논리적 배치

지고 있다. 가운데 그림의 경우 약 여섯~일곱 개의 허브를 가지고 있고 각 허브에 여러 개의 노드가 달려있다. 세 번째 그림의 경우 특정한 허브가 있는 것은 아니고 여러 개의 노드가 서로 그물망처럼 연결되어 있다.

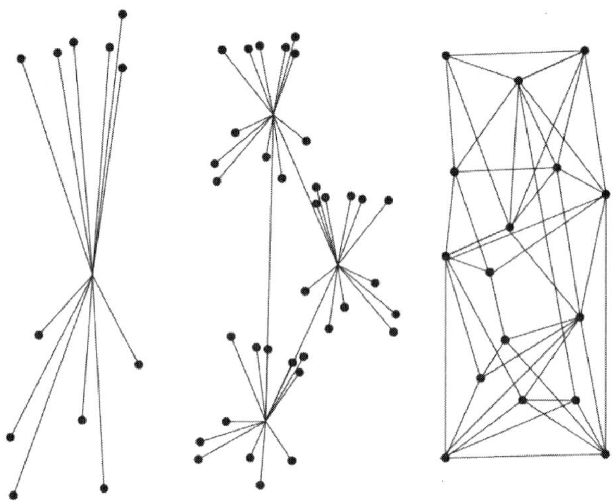

그림 10. 네트워크의 형태

네트워크의 종류, 즉 네트워크 접속 형태에는 성형(별형), 그물형(망형), 버스형, 링형(환형), 트리형(나무형) 등이 있다. 각 네트워크의 사용 목적, 확장 가능성, 전송 효율, 경제성 등으로 선택 기준을 세운다. 다음 그림은 대표적인 네트워크의 형태를 보여준다.

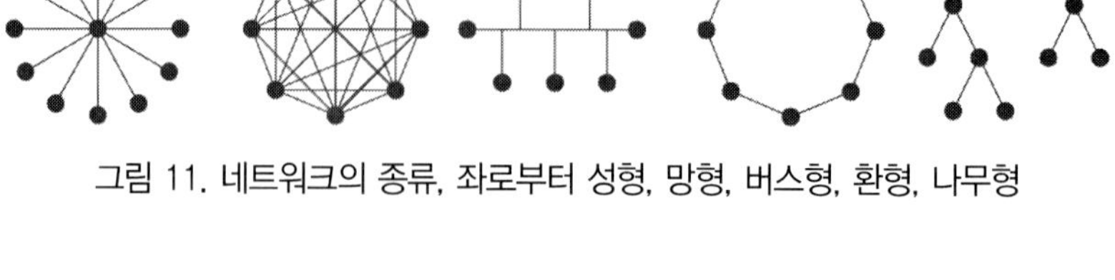

그림 11. 네트워크의 종류, 좌로부터 성형, 망형, 버스형, 환형, 나무형

(1) 성형(Star형, 별형)

가장 일반적인 네트워크 구성 형태다. 허브가 네트워크 중앙에 위치하여 다른 모든 노드를 연결한다. 모든 노드가 중앙의 허브에 연결되어 통신하므로 통신망의 처리 능력과 신뢰성은 허브가 좌우한다. 성형 접속 형태의 네트워크에서 하나의 케이블은 허브 같은 중앙의 네트워크 장치하고만 연결하므로, 배선 문제가 발생할 경우 단지 해당 노드에만 영향을 줄 뿐 네트워크 전체에는 영향을 미치지 않는다. 즉 하나의 네트워크가 끊어지더라도 한 대의 단말기가 작동을 하지 않을 뿐 다른 단말기는 정상적으로 작동하게 된다. 다음 표에 성형 네트워크의 장단점을 설명하였다.

표 3. 성형 네트워크의 장단점

장점	단점
• 각 장치는 다른 장치와 연결하는 링크 한 개와 I/O 포트 한 개만 필요하므로 설치 비용이 저렴하다. • 중앙 집중적인 구조라 유지보수나 확장이 용이하다. • 링크 하나가 끊어져 작동하지 않을 때 해당 링크만 영향을 받는다.(안전성)	• 중앙에 있는 전송제어장치에 장애가 있으면 네트워크 전체가 동작할 수 없고, 통신량이 많으면 전송이 지연될 수 있다. • 각 노드가 중앙 허브와 연결되기 때문에 일부 다른 접속 형태(트리형, 링형, 버스형)보다 많은 케이블을 사용한다. • 최초로 설치할 때 케이블 링에 소요되는 비용과 노력이 크다.

(2) 망형(그물형, Mesh형)

중앙에 제어하는 노드 없이 모든 노드가 상호 간에 전용의 점대점 형태로 연결되는 형태이다. 연결된 두 장치 간에 통신만 담당하는 링크가 있음을 의미하며, 그물형에서는 n(n-1)/2개의 물리적 채널이 필요하다. 즉 다섯 개의 노드가 있을 경우 '5(5-1)/2'개, 즉 10개의 물리적 채널이 필요하다.

네트워크가 복잡하고 많은 통신회선이 필요하기 때문에 비용이 많이 들지만, 신뢰성이 높아 중요한 네트워크에 주로 사용된다. 다음 표에 망형의 장단점을 정리해 놓았다.

표 4. 망형의 장점과 단점

장점	단점
• 각 연결회선이 원하는 자료를 전송할 수 있어 많은 장치를 공유하는 링크에서 발생하는 통신량 문제를 해결할 수 있다. • 한 링크가 고장 나도 전체 시스템에는 큰 문제가 발생하지 않는다. 장애가 발생하면 다른 경로를 통하여 데이터를 전송한다. • 데이터를 전용선으로 보낸다. • 원하는 수신자만 받을 수 있다. • 비밀 유지와 보안에 유리하다.	• 노드를 다른 모든 노드와 연결해야 하므로 설치와 재구성이 어렵다. • 네트워크가 복잡하고 많은 통신회선이 필요하기 때문에 하드웨어(I/O 포트와 전선)에 엄청난 비용이 들 수 있다. • 필요한 전선의 용적커질 수 있다.

(3) 버스형(Bus형)

모든 네트워크 노드 및 주변장치가 파이프 등 일자형의 케이블(버스)에 연결되어 있는 형태이다. 모든 노드는 하나의 케이블에 연결되어 있고, 케이블의 시작과 끝에는 터미네이터(terminator) 장치를 붙여 신호가 케이블로 되돌아오는 것을 막아주는 역할을 한다. 버스형에서는 케이블에 연결되어 있는 하나의 노드가 전송을 하면 그것이 브로드캐스트(broadcast) 되어 다른 모든 노드가 수신할 수 있다. 다음 표에 버스형의 장단점을 설명해 놓았다.

표 5. 버스형의 장점과 단점

장점	단점
• 설치가 간단하고 케이블 비용이 저렴하다. • 장비를 추가하기 쉽다. • 고장이 나도 전체 네트워크에 영향을 미치지 않는다. • 중추 케이블을 가장 효과적으로 설치할 수 있다. • 비교적 사용하는 케이블 양이 적다.	• 장비가 많아지면 네트워크 성능이 저하된다. • 중앙케이블 고장 시 전체가 동작이 불가능하다. • 네트워크 재구성이나 결합 · 분리가 어렵다. • 케이블 거리가 멀어지면 신호가 점점 약해지기 때문에 중계기를 사용해야 한다. • 한 노드에서 데이터를 전송할 때 다른 노드에서 이미 데이터를 전송하고 있으면 충돌이 발생할 수 있다.

(4) 링형(환형, Ring형)

노드가 링(Ring)에 순차적으로 연결된다. 모든 기기를 하나의 고리로 연결하는 방식이다. 각 노드들은 인접한 노드 두 개 하고만 연결이 되고 전체 네트워크는 하나의 원을 형성하게 된다. 링형 접속 형태에는 원의 한 방향으로만 데이터를 전송할 수 있는 단순 링형(Single Ring)과 양방향으로 전송할 수 있는 이중 링형(Double Ring)이 있다. 다음 표에 링형의 장단점을 설명하였다.

표 6. 링형의 장점과 단점

장점	단점
• 구조가 단순하여 설치와 재구성이 쉽다. • 장애가 발생해도 복구시간이 빠르다. • 성형보다 케이블 비용이 저렴하다. • 장치는 이웃하는 두 장치에만 연결된다. • 장치를 추가-삭제할 때 연결선 두 개만 설정하면 된다. • 한 장치가 특정한 시간에 신호를 받지 못하면 경보를 낼 수 있어 문제의 발생 사실과 발생 위치를 알려준다.	• 링을 제어하는 절차가 복잡하다. • 새로운 장비를 연결하려면 링을 절단한 후 장비를 추가해야 함 • 단순 링형에서는 링에 결함이 생기면 전체 네트워크를 사용할 수 없다.

(5) 트리형(나무형, Tree형)

성형의 변형이다. 중앙에 있는 전송제어장치에 모든 장비를 연결한 것이 아니라 트리 형태의 노드에 전송제어장치를 두어 노드들을 연결하는 형태이다. 상위 노드가 하위 노드들을 직접 제어하는 계층적 네트워크에 적합하다. 다음 표는 트리형의 장점과 단점을 보여준다.

표 7. 트리형의 장점과 단점

장점	단점
• 제어가 간단하여 관리나 네트워크 확장이 쉽다. • 중앙에 있는 하나의 전송제어장치에 더 많은 장비를 연결할 수 있어 각 장비 간의 데이터 전송 거리를 늘릴 수 있다. • 여러 컴퓨터를 분리하거나 우선순위를 부여할 수 있다.	• 중앙에 트래픽이 집중되어 병목현상이 발생할 수 있다. • 중앙의 전송제어장치가 다운되면 전체 네트워크 장애가 발생한다.

(6) 혼합형(하이브리드 형, Hybrid Topology)

소규모 네트워크가 아니라면 순수한 버스형, 링형, 성형 등 하나의 네트워크 형태만 채택한 경우는 거의 없다.

노드 수가 상대적으로 큰 실제 네트워크에서는 효율을 높이고 결함 허용 능력을 증대시키기 위하여 혼합형 접속 형태를 사용한다. 중앙 네트워크의 서브 네트워크가 서로 연결되어 규모가 큰 접속 형태가 되도록 여러 접속 형태를 결합할 수 있다. 다음 그림은 혼합형 네트워크를 보여준다.[22]

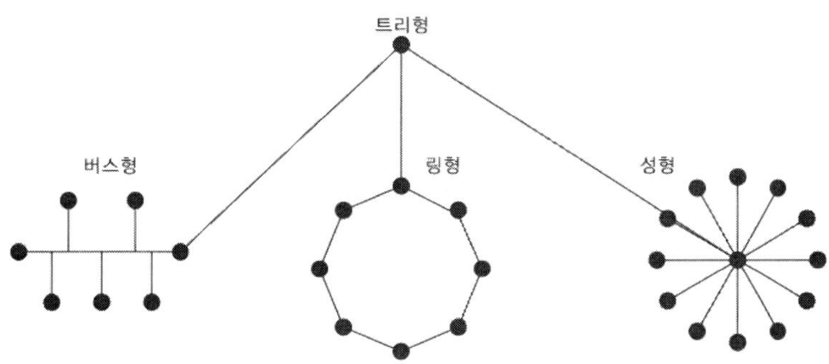

그림 12. 혼합형 네트워크

가장 상위의 중앙 네트워크는 성형 네트워크를 가지고 있고 전체적으로는 계층구조를 가지는 트리형이라고 할 수도 있다. 가장 왼쪽에는 버스형으로 네트워크를 구성하였고 가운데에는 링형, 그리고 가장 오른쪽에는 다시 성형으로 네트워크를 구성한 전형적인 혼합형 네트워크이다.

22) http://blog.naver.com/PostList.nhn?blogId=dmswn0819

3. 검색엔진

검색엔진이란 월드와이드웹에서 정보를 찾기 위한 디자인된 소프트웨어 시스템을 말하며 대부분 웹사이트의 형태로 운영이 된다. 어떤 검색엔진은 어떤 검색 엔진들은 FTP 서버나 웹 사이트가 가지고 있는 파일의 검색 결과를 포함하기도 한다. 이미지를 전문으로 검색하거나 토렌트 파일, 동영상, 음악 또는 특정 부류의 웹사이트에 특화된 웹 검색 엔진도 있다.

웹 서버에서는 '로봇'(robot)이라 불리는 특별한 프로그램을 이용해 웹 사이트들을 돌아다니며 웹 사이트들에 대한 정보를 미리 자동적으로 수집한다. 이후 검색 엔진 사이트에서 특정 검색어를 입력하면 검색 엔진이 수집한 정보 중 그에 맞는 결과를 제시해 준다. 많은 포털 사이트들은 이와 같은 웹 검색 서비스를 제공하고 있다. 포털 사이트의 검색 결과 페이지에서는 사람이 직접 관리하는 웹 사이트의 모음인 웹 디렉터리의 결과를 함께 보여 주기도 한다. 대표적인 디렉토리 방식의 서비스가 야후이다.

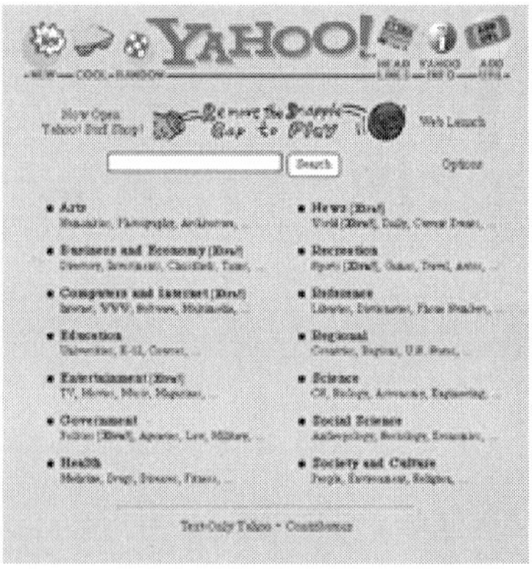

그림 13. 초창기 야후 디렉토리

가) 검색엔진의 역사

다음은 검색엔진의 탄생연도와 현재 운영 여부를 알려준다.[23)]

표 8. 세계 주요 검색엔진의 역사

연도	검색엔진	현재상태
1993	W3Catalog	Inactive
	Aliweb	Inactive
	JumpStation	Inactive
	WWW Worm	Inactive
1994	WebCrawler	Active, Aggregator
	Go.com	Inactive, redirects to Disney
	Lycos	Active
	Infoseek	Inactive
1995	AltaVista	Inactive, redirected to Yahoo!
	Daum	Active
	Magellan	Inactive
	Excite	Active
	SAPO	Active
	Yahoo!	Active, Launched as a directory
1996	Dogpile	Active, Aggregator
	Inktomi	Inactive, acquired by Yahoo!
	HotBot	Active (lycos.com)
	Ask Jeeves	Active (rebranded ask.com)
1997	Northern Light	Inactive
	Yandex	Active
1998	Google	Active
	Ixquick	Active also as Startpage
	MSN Search	Active as Bing
	empas	Inactive (merged with NATE)
1999	AlltheWeb	Inactive (URL redirected to Yahoo!)
	GenieKnows	Active, rebranded Yellowee.com
	Naver	Active
	Teoma	Inactive, redirects to Ask.com
	Vivisimo	Inactive
2000	Baidu	Active

23) https://en.wikipedia.org/wiki/Web_search_engine

연도	검색엔진	현재상태
	Exalead	Active
	Gigablast	Active
2001	Kartoo	Inactive
2003	Info.com	Active
	Scroogle	Inactive
2004	Yahoo! Search	Active, Launched own web search (see Yahoo! Directory, 1995)
	A9.com	Inactive
	Sogou	Active
2005	AOL Search	Active
	GoodSearch	Active
	SearchMe	Inactive
2006	Soso	Active
	Quaero	Inactive
	Search.com	Active
	ChaCha	Active
	Ask.com	Active
	Live Search	Active as Bing, Launched as rebranded MSN Search
2007	wikiseek	Inactive
	Sproose	Inactive
	Wikia Search	Inactive
	Blackle.com	Active, Google Search
2008	Powerset	Inactive (redirects to Bing)
	Picollator	Inactive
	Viewzi	Inactive
	Boogami	Inactive
	LeapFish	Inactive
	Forestle	Inactive (redirects to Ecosia)
	DuckDuckGo	Active
2009	Bing	Active, Launched as rebranded Live Search

연도	검색엔진	현재상태
	Yebol	Inactive
	Mugurdy	Inactive due to a lack of funding
	Scout (Goby)	Active
	NATE	Active
2010	Blekko	Inactive, sold to IBM
	Cuil	Inactive
	Yandex (English)	Active
2011	YaCy	Active, P2P web search engine
2012	Volunia	Inactive
2013	Qwant	Active
	Coc Coc	Active, Vietnamese search engine
	Egerin	Active, Kurdish / Sorani search engine
2017	Project 73	Testing and Calculations

나) 검색엔진의 작동 원리

검색 엔진은 문서수집, 색인, 검색의 순으로 작동을 하며 각각의 원리는 다음과 같다.

(1) 문서 수집

HTML로 되어있는 웹페이지에서 추출한 콘텐츠를 축적한다. 페이지들은 웹사이트의 모든 링크를 따라다니면서 문서를 모으는 문서수집기(웹 크롤러, 웹 스파이더)가 추출한다. 문서 제목, 페이지 내용, 목차, 기타 등등으로 영역을 나누어 추출하고 분석한다.

(2) 색인

이후 검색어가 들어올 것을 대비해 이 웹페이지 데이터는 DB에 적절히 색인해 놓는다. 색인은 정보를 최대한 빨리 찾을 수 있도록 준비하는 것을 말한다. 색인은 문서 안에서 개별 어휘가 문서의 어디에 있는지를 확인해 축적하는 방식으로 만들어진다. 어떤 검색 엔진은 모든 페이지의 모든 어휘들을 뽑아내는 방식으로 정보를 저장하고, 구글과 같은 검색 엔진은 원 문서의 일부 혹은 전체를 캐시(Cache)라는 임시저장의 형태로 저장한다. 캐시된 페이지는 원래 문서를 그대로 저장하고 있으므로 현재 페이지가 갱신되었거나 더 이상 없는 경우 자료를 찾기 유용하다. 이것이 현재 존재하지 않는 웹사이트를 검색할 수 있는 이유이다.

(3) 검색

사용자가 검색엔진에 검색어를 넣으면 엔진은 색인을 조사, 평가해서 가장 잘 맞는 문서를 제시한다. 보통 문서 제목 및 검색어가 담겨있는 본문을 추출하여 짧은 요약문을 생성해 함께 디스플레이 해주기도 한다.

다) 검색엔진의 논리 연산자

간단한 검색어를 입력하면 수십만 ~ 수백만의 검색 결과가 나타날 수도 있다. 이럴 때 검색어를 좀 더 한정짓기 위해 'and', 'or', 'not'과 같은 논리연산자를 지원하는 검색 엔진도 있다. 주요 연산자를 알아보자.

(1) AND 연산자

기본적으로 AND 연산자는 스페이스를 이용해서 사용한다.

[안녕 AND 매미]

(2) OR 연산자

OR 연산자는 | 또는 OR 을 이용한다.

[안녕 | 매미], [안녕 OR 매미]

(3) NOT 연산자

NOT 연산자는 원치 않는 단어의 앞에 - 를 붙인다.

[안녕 -매미] 는 검색 결과에서 '매미'라는 단어를 포함한 문서를 제외한다.

검색엔진마다 세부 규칙은 달라질 수 있다. 다음 예시는 구글에서의 구문 검색 기능이다.

- 내가 원하는 단어가 모두 다 들어있길 원한다면, 쌍따옴표("")를 쓰면 된다.
- [안녕 매미]와 ["안녕 매미"]는 다른 검색 결과를 나타낸다.
- [안녕 매미] 검색은 [안녕]이란 단어와 [매미]란 단어가 둘 다 들어가 있는 문서를 찾아주며, 순서는 상관이 없다.
- 반면, ["안녕 매미"] 검색은 [안녕]이란 단어와 [매미]란 단어가 둘 다 들어가 있어야 하며 [안녕], [매미]가 순차적으로 나와야 하며, [안녕]만 있거나, [매미] 만 있는 문서나 [매미 안녕]의 순서로만 기재된 문서는 절대로 검색하지 않는다.

제3장 모바일

1. 모바일 어플리케이션

모바일 어플리케이션(모바일 응용 소프트웨어, 모바일 앱, 앱)은 스마트폰, 태블릿 PC, 노트북 등 모바일 장치(디바이스)에서 실행되는 응용 소프트웨어이다. 구글의 '구글 플레이'와 애플의 '앱 스토어', 블랙베리의 'BlackBerry World', 노키아의 'Ovi' 등에서 다운로드하는 어플리케이션과 다양한 콘텐츠들이 대표적이다.

이 중 현재 많이 사용되는 것은 안드로이드 기반의 구글 플레이(Google Play)와 iOS의 앱 스토어(Apple App Store)이다. 모바일 장치는 대부분 웹 브라우저, 전자 메일, 캘린더, 음악, 사진, 멀티미디어 또는 기타 응용 프로그램을 구입할 수 있는 마켓 등 사전 설치된 소프트웨어와 함께 번들로 제공되는 여러 가지 응용 프로그램과 함께 판매된다. 휴대폰 제조사나 이동통신사에 의해 설치된 일부 앱은 '네이티브 앱(native app)'이라 부르기도 한다. 한편 이러한 네이티브 앱 이외의 앱을 자신이 직접 선택하여 디바이스에 설치하여 사용하는 유저를 '스마트 유저(smart user)'라고 따로 분류하기도 한다.[24)]

24) 정의태, 2016

가) 안드로이드 기반의 구글 플레이(Google Play)

구글 플레이(Google Play)는 디지털 정보 제공 서비스이다. 구글 플레이는 미국 구글사에서 개발하고 운영하는 디지털 미디어 스토어인 구글 플레이 스토어(Google Play Store, 원래 명칭은 Android Market)를 포함한 디지털 디스트리뷰션(배포) 서비스이다. 안드로이드 운영체제의 공식 앱 스토어 역할을 하여 안드로이드 사용자는 Android SDK로 개발되고 구글을 통해 게시된 애플리케이션을 탐색하고 다운로드 할 수 있다. 구글 플레이는 음악, 잡지, 책, 영화 및 TV 프로그램을 제공하는 디지털 미디어 스토어의 역할도 한다. 애플리케이션이나 콘텐츠는 무료 또는 유료로 사용할 수 있다. 구글 플레이는 2012년 3월 6일에 출시되어 안드로이드 마켓, Google Music 및 Google eBookstore를 하나의 브랜드로 통합하여 구글의 디지털 배포 전략을 변화시켰다. 구글 플레이에서 운영되는 서비스는 구글 플레이 뮤직, 구글 플레이 북, 구글 플레이 뉴스 스탠드, 구글 플레이 무비 및 TV 그리고 구글 플레이 게임 등이다.

안드로이드는 이동통신사나 그에 준하는 기관이나 단체, 기업의 외부 오픈 마켓 설립을 허용하고 있다. 개발자는 애플리케이션 판매 수익의 70%를 가지고 나머지 30%는 이동 통신 사업자가 가진다. 구글 플레이에서 얻은 개발자 수익은 구글 체크아웃을 통하여 지급된다.[25]

나) iOS의 애플 앱 스토어(Apple App Store)

25) Hobbitwizard, 2016

안드로이드의 '구글 플레이'에 대비되는 애플의 '앱 스토어'는 애플의 운영체제인 iOS의 모바일 앱을 위해 Apple Inc.에서 개발 및 유지 관리하는 디지털 배포 플랫폼이다. 앱 스토어를 통해 사용자는 Apple의 iOS SDK로 개발 된 응용 프로그램을 찾아보고 앱을 iOS 기기에 다운로드 할 수 있다. iPhone, iPod Touch, iPad 및 Apple Watch 및 4 세대 Apple TV에서 사용이 가능하다. 애플에 따르면, 앱 스토어는 2016년 6월 현재 약 2백만 개의 앱을 사용할 수 있으며 2008년 앱 스토어가 출시 된 이래 총 1,300억 번 다운로드 되어 어플리케이션 개발자는 거의 500억 달러의 수익을 올렸다고 한다. 아이폰 3G가 발표될 즈음인 2008년 7월 10일부터 아이튠즈의 업데이트 형태로 서비스가 시작되었다. 앱 스토어란 이름은 "애플 응용 소프트웨어 스토어(Apple Application Software Store)"라는 의미를 가지고 있다. 개인용 컴퓨터에서 아이튠즈를 이용하거나, 아이폰 및 아이팟 터치의 메뉴에서 직접 3G 네트워크 혹은 Wi-Fi를 이용하여 소프트웨어를 다운로드할 수 있다. 다운로드할 수 있는 소프트웨어는 안드로이드와 마찬가지로 유료 및 무료가 있다.

일반 이용자도 자신이 개발한 응용 소프트웨어를 앱 스토어를 통해 등록할 수 있다. 이를 위해서는 애플과 개발자 계약을 체결한 후, 인텔의 CPU가 탑재된 매킨토시의 Mac OS X 10.5 이상의 운영 체제에서 Xcode, 아이폰 SDK 등의 개발 도구를 이용하여 어플리케이션을 제작한 다음 앱 스토어를 통해 전 세계를 대상으로 판매할 수 있다. 이를 위해 개발자로서 등록하는 데에는 연간 일정 비용이 든다. 유료 소프트웨어의 판매 가격은, 개발자가 자유롭게 매길 수 있으며, 판매 수익의 30%를 애플이 수수료 및 호스팅 비용으로 받는

형태이다. 안드로이드나 애플이나 공히 판매자에게 매출의 70%의 수익을 주는 셈이다.[26)]

2. 웨어러블 디바이스

모바일 디바이스는 지속적으로 진화하고 있다. 현재는 대부분이 스마트폰의 형태의 디바이스를 사용하고 있지만 사실 스마트폰의 역사는 10년을 조금 넘은 것에 불과하고 매우 빠르게 변화하고 있다. 모바일 디바이스의 미래를 웨어러블 디바이스에서 찾는 경우가 많이 있다. 웨어러블 컴퓨터(wearable computer) 또는 웨어러블 디바이스(wearable device)는 안경, 시계, 옷 등과 같이 사람의 몸에 착용할 수 있는 형태로 된 전자 기기를 뜻한다. 궁극적으로는 사용자가 신체의 일부처럼 항상 착용하고 사용할 수 있으며 인간의 능력을 보완하거나 향상시키는 것이 목표이다. 이것이 갖추어야 할 기본 성질로는 언제 어디서나(항시성), 쉽게 사용할 수 있고(편의성), 착용하여 사용하기에 편하며(착용감), 안전하고 보기 좋은(안정성, 심미성) 것 등이 요구된다. 이는 단순히 액세서리처럼 전자기기를 몸에 착용할 뿐만 아니라, 사용자 신체의 가장 가까운 위치에서 사용자와 소통할 수 있는 전자기기이다.

웨어러블 디바이스의 장점은 주변 환경에 대한 상세 정보나 개인의 신체 변화를 실시간으로 끊이지 않고 지속적으로 수집할 수 있다는 것이다. 예를 들어 스마트 안경의 경우 눈에 보이는 주변의 모든

---

26) 앱 스토어(iOS), 위키백과

정보의 기록이 가능하며 스마트 속옷은 체온, 심장박동과 같은 생체 신호를 꾸준히 수집할 수 있다. 손목에 찬 밴드는 심장의 박동을 체크하고 혈압을 항시적으로 잴 수 있을 것이다. 웨어러블 디바이스는 다양한 영역의 사업자들에게 새로운 사업 분야로 선택받고 있다. 액세서리형에서 시작하여 직물-의류 일체형, 신체부착형, 그리고 궁극적인 목표인 생체이식형으로, 신체에 근접하는 방향으로 발전해 나갈 전망이다. 하지만 장시간 사용할 수 있도록 저전력 기술, 착용감을 향상시킬 수 있도록 소형화, 유연/신축 전자 기술, 배터리 등의 개발이 더욱 절실히 요구되며, 웨어러블 디바이스가 양산하는 다양한 문제들에 대한 대비책도 마련되어야 할 것이다.

3. 배터리(battery, 전지)

배터리는 1차 전지와 2차 전지로 나눌 수 있다.

가) 1차 전지

1차 전지는 일반 가정에서 사용하는 건전지처럼 한번 쓰고 나면 다시 충전해서 쓸 수 없는 전지를 의미한다. 일차 전지에는 알칼리 전지, 건전지, 수은 전지, 리튬 전지 등이 있다.

나) 2차 전지

2차 전지는 다시 충전해서 사용할 수 있는 충전지를 통칭하는 말이다. 니켈-카드뮴 전지, 니켈-수소 전지(NiMH battery), 리튬이온 이차전지(Li Ion Secondary Batteries), 리튬이온폴리머 이차전지 (Li

Ion Polymer Secondary Batteries) 그리고 납 축전지(Lead-acid battery) 등이 있다.[27] 모바일 기기, 웨어러블 기기 등 첨단 기기에 빠지지 않고 들어가는 것이 바로 충전지(battery)이다. 충전지 기술은 여러 가지가 있다. 충전지 기술과 각각의 특징은 알아두도록 한다.

(1) 니켈카드뮴 배터리

니켈과 카드뮴을 이용한 충전이 가능한 전지이다. Ni-Cd 전지로도 불린다. 전기면도기, 무선 진공청소기, 가정용 무선전화기 등에 이용된다. 이 전지는 기억효과(메모리효과, memory effect)라 부르는 충방전 패턴을 기억하는 특징이 있다. 따라서 전류를 충분히 소모시킨 후에 완전 재충전해야 한다.[28]

(2) 니켈수소 배터리

전극에 니켈과 수소 흡장 합금(수소 저장 합금)을 사용한 2차 전지의 하나이다. 니켈-카드뮴 전지를 개량한 전지로, 양극에 카드뮴 대신 수소 흡장 합금을 사용함으로써 니켈-카드뮴 전지보다 2배 정도의 고용량화를 실현하고 있다. 건전지 크기의 2차 전지로 널리 사용되고 있으며, 이 밖에 하이브리드 자동차의 배터리 등에도 폭넓게 채용되고 있다.

(3) 리튬이온 배터리

리튬이온 전지의 양극에는 리튬코발트 산화물, 인산철리튬, 리튬

---

27) https://ko.wikipedia.org/wiki/전지

28) TTA정보통신용어사전

망간 산화물 등 리튬을 포함한 금속 산화물이 사용되고 음극에는 탄소가 사용되는 경우가 많다. 전해액으로는 용매와 염이 주성분으로 사용되고 있다. 초기의 리튬이온 전지는 공기 중의 수분과 반응하면 열을 만들어내는 불안정한 물질인 리튬금속을 전극에 도입했기 때문에 전지의 안전성이 떨어졌고 이로 인해 별도의 보호회로를 필요로 했다. 이후 이온 상태의 리튬을 재료로 사용하게 되면서 안정성이 크게 높아졌다. 리튬이온 전지는 에너지 저장 밀도가 높아 작고 얇은 모양으로 만들 수 있기 때문에 휴대폰이나 카메라와 같은 소형 휴대용 기기의 전원으로 널리 이용되고 있다.

또한 리튬이온 전지는 한 번 방전된 후 다시 충전할 때 전지의 용량이 줄어드는 메모리 효과가 거의 없고, 자연 방전도 일어나지 않아 이차전지로 사용되기에 적합한 특징을 가지고 있다. 2000년대 들어와 나노기술이 도입되어 전지의 용량을 크게 높여나가면서 전기자동차와 같이 용량이 크면서도 안전성이 높아야 하는 분야의 연료전지로도 사용되고 있다. 제너럴모터스사는 전기자동차 볼트에 리튬이온 전지를 사용하고 있는데, 무게가 180kg으로 니켈 수소 전지의 40%에 지나지 않는다.[29)]

(4) 리튬폴리머 배터리

안정성이 높고 에너지 효율이 좋은 차세대 2차 전지. 외부 전원을 이용해 충전하는 고체 전해질 전지이다. 고체 또는 젤 상태의 중합체(폴리머)를 전해질로 사용하여 전지가 파손되어도 발화하거나 폭

29) http://100.daum.net/encyclopedia/view/b06r3399n11

발할 위험이 거의 없다. 외장 역시 단단한 금속으로 만들 필요가 없어 3mm 이하의 두께로도 만들 수 있고, 무게를 기존 전지의 30%까지 줄일 수 있다. 특히 제조 공정이 간단하여 대량 생산이 가능하며, 전기 자동차에 쓰일 만한 대용량도 만들 수 있다. 휴대 전화기, 노트북 컴퓨터, 캠코더 등 포터블 기기에 주로 사용되며, 개발 여하에 따라 전기 자동차에도 쓰일 것으로 전망된다.[30)]

(5) 납축전지(Lead-acid battery)

납축전지는 일반적인 자동차에 있는 시동을 걸거나 등을 켜고 냉방을 하는 충전지를 생각하면 된다. 전극이 납으로 되어있고 전해액이 유산 수용액(묽은 황산)으로 되어있다. 납축전지에 역방향으로 전류를 흘리면 전극 물질이 재생되고, 이때 충전이 되는 방식이다.

---

30) TTA정보통신용어사전

제4장 인터페이스 디자인

1. 인터페이스 디자인

인터페이스 디자인의 어원은 'inter-'라는 접두사와 'face'라는 단어의 합성으로 'inter'라는 것은 '사이', '상호간'의 뜻을 가지고 있으며 'face'라는 단어는 '표면', '면(面)'의 뜻을 가지고 있다. 즉 인터페이스라는 말은 '면과 면 사이'라는 뜻을 가지며 한 면에서 한 면으로 넘어가는 매개체의 역할을 의미한다. 여기에 '디자인'이 붙어 이러한 인터페이스를 기획하고 설계하고 만들어내는 것을 의미하게 된다. 인터페이스(interface) 디자인은 사람-컴퓨터 상호작용(Human Computer Interaction), 사람-기계 상호작용(Man Machine Interface), 기계 간 상호작용(Machine to Machine Interface) 등에서 버튼 등의 물리적 인터페이스나 프로그램, 소프트웨어, 어플리케이션, 네트워크 등의 가상 인터페이스 도구가 효과적으로 이용될 수 있게끔 하는 일련의 계획을 모두 포용하는 개념이다. 즉 사물과 사물, 사람과 사물 혹은 사람-사물-인간 간의 소통이 가능하도록 물리적, 가상적 매개체를 디자인하는 것을 인터페이스 디자인이라고 한다. 여기에 '사용자'가 개입이 되면 사용자 인터페이스 디자인(UI, user interface design) 혹은 사용자 인터페이스 엔지니어링(user interface engineering)이라고 하고 범위는 HCI(Human Computer Interaction), Man Machine Interface 등으로 축소된다.

사용자 인터페이스디자인은 사용자가 실행해야 하는 절차를 간소화하고 쉽게 하여 누구나 편하게 사용할 수 있도록 하는 일련의 설계 및 생산 작업을 뜻하기도 하고, 사용자가 다루기 용이하고 편안하게 제품이나 서비스를 누릴 수 있도록 설계하는 것을 의미하기도 한다. 즉 컴퓨터, 가진제품, 모바일 장치 및 기타 전자 장치와 같은 컴퓨터 및 소프트웨어에 대한 사용자 가용성(사용성)과 사용자 경험을 극대화하는 데 중점을 두고 있다. 좋은 사용자 인터페이스 디자인은 사용자의 목표를 달성하는 측면에서 사용자의 상호 작용을 사용자 중심에서 바라보았을 때 가능한 간단하고 효율적으로 만드는 것이며 좋은 사용자 인터페이스 디자인은 작업에 임할 때 불필요한 주의를 끌지 않고 효율적으로 작업을 마무리 할 수 있도록 설계가 되어야 한다. 여기에서 색상, 레이아웃, 그래픽 디자인, 타이포그래피 등의 요소는 사용성을 최대한 지원하고 사용자가 특정 상호 작용을 수행하는 방법에 영향을 미치고 디자인의 미적 매력과 사용자 경험을 긍정적으로 향상시키는 데 사용된다.

인터페이스 디자인에서 미학은 사용자가 인터페이스의 기능을 사용할 수 있는 능력을 향상 시키거나 저하시킬 수 있기에 설계는 기능적인 측면과 미적 측면을 모두 만족시켜야 한다. 이러한 사용성 프로젝트는 기본적으로 인간, 인간의 행동, 인간의 미적 감각을 이해하는 상호 작용을 필요로 하지만 또한 독특한 컴퓨터 기반(computer aided)의 기술과 지식을 필요로 하기도 한다. 결과적으로 이 작업을 수행하는 디자이너는 컴퓨터 개론, 소프트웨어 디자인,

사용자 조사, 웹 디자인 또는 모바일 어플리케이션 디자인 등의 전문 지식을 중심으로 한 기술을 보유할 필요도 있다.

2. 사용자

흔히 사용자(user)는 일종의 최종 소비자로 오프라인 서비스, 컴퓨터 등의 디바이스, 콘텐츠 또는 네트워크 서비스 등을 사용하는 사람을 통칭한다.

사용자는 일반적으로 시스템 또는 소프트웨어 제품을 완전히 이해하는 데 필요한 기술적 전문성 없이 웹, 시스템 또는 소프트웨어, 어플리케이션, 콘텐츠나 서비스 등을 사용하는 사람이라고 전제하여야 한다. 따라서 사용자 중심의 디자인이란 사용자가 특별한 교육이나 경험 없이도 특정한 태스크를 수행할 수 있게끔 디자인 된 것 혹은 디자인 하는 행위를 의미한다. 마찬가지로 고급 사용자 혹은 숙련자는 프로그램의 고급 기능을 사용하여 태스크를 빠르게 수행할 수 있지만 컴퓨터 프로그래밍 및 시스템 관리 상태와 방법을 반드시 알고 있어야 할 필요는 없는 것이다.

사용자는 종종 사용자 계정이나 전용기기, 단말기 등을 가지며 사용자 본명이나 아이디, 이메일, 닉네임과 패스워드 등으로 시스템 측에서 식별이 가능하기도 한다. 사용자에 따라서 다른 서비스가 제공될 수도 있는 것이고 사용자의 특성에 맞춘 커스텀 서비스(customized service)가 가능하다. 때로는 사용자가 자신만을 위하여 설정을 변경하여 시스템이나 소프트웨어를 개선하여 사용할 수도 있다. 대개 사용자는 다음 그림처럼 하드웨어(hardware)-운영시스템

(OS, operating system)-어플리케이션 혹은 소프트웨어(application, software)-사용자(user)의 구조에서 제일 말단에 위치하게 되며 특정한 인터페이스를 통하여 어플리케이션을 작동하게 된다.

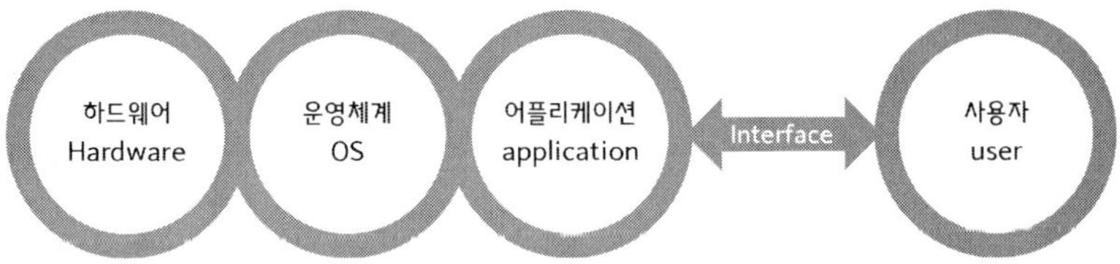

그림 14. 사용자의 위치

3. 사용성

사용성(使用性, usability)은 복합적인 개념으로 작용과 반작용(상호작용), 즉 인터랙티브(interactive)한 제품이나 서비스가 사용자가 원하는 것을 제대로 달성하게끔 동작하였는지, 그리고 사용자가 그것을 수행하기가 수월하였는지, 그리고 그것을 수행하면서 사용자가 전반적으로 만족을 하였는지 등을 종합적으로 나타내는 용어이다. 특히 ISO 9241-11에서는 사용성을 다음과 같이 정의하고 있다. "Extent to which a product can be used by specified users to achieve specified goals with effectiveness, efficiency and satisfaction in a specified context of use." 즉 사용성이란 특정 사용자가 특정한 목표를 이루기 위해 특정 맥락에 맞추어 효율적이고, 효과적이고 만족감을 주는 제품을 사용하는 범위이다. 사용성은 때로는 이보다도 더 광범위하게 쓰이기도 하여서 사용성 평가 방법론 자체를 이야기하기도 하고 사용자가 무언가(콘텐츠, 사용방법, 현상, 정보 등)를 이해하였는지의 여부, 어느 정도 쉽게 이해를 하였는지 그 정도를 말하는 경우도 있다.

특히 사용성은 인간과 컴퓨터 인터랙션(HCI)아 있는 컴퓨터 소프트웨어, 웹사이트, 모바일 어플리케이션 등에서 사용자와 컴퓨터 간에 일어나는 상호 작용이 얼마나 효율적으로 일어나는 지에 관한 용어이기도 하다. 사용자가 부담을 갖지 않고, 실수를 일으키기 쉽지 않은 상태로 목표를 효율적으로 이루고 결과를 얻는 것이다.

사용성 분야의 세계적인 전문가로 제이콥 닐슨을 들 수 있다. 덴마크 출신의 제이콥 닐슨(Jakob Nielsen, 야코브 닐센)은 소프트웨어와 웹 사이트 디자인의 사용성에 관한 전문가이다. 덴마크에서 사용자 인터페이스 디자인과 전산학을 전공하고 박사학위를 받았다. 1991년에 월드 와이드 웹이 소개 되자 닐슨은 하이퍼텍스트가 미래의 사용자 인터페이스 디자인이 될 것이라고 바르게 예측하였으며 전문서인 '하이퍼텍스트와 하이퍼미디어[31]'를 썼다. 그 외에 '사용성 공학[32]', '웹 사용성 디자인[33]' 등을 저술하였으며 지속적인 저술 활동을 하고 있다. 또한 사용성 연구에 관한 그의 웹 사이트에 정기적으로 글을 발표하고 있으며 도널드 노먼(Donald Norman), 브루스 토냐찌니(Bruce Tognazzini)와 함께 닐슨노먼그룹(Nielsen Norman Group)을 창립하여 활동하고 있다. 그는 주로 인터넷을 쉽게 사용하기 위한 방법들에 관한 79개의 미국 특허들을 소유하고 있다. 또한 그는 "디스카운트 사용성 공학(discount usability engineering)" 운동

---

31) Hypertext and Hypermedia, 1990
32) Usability Engineering, 1993
33) Designing Web Usability: The Practice of Simplicity, 1999

을 벌이고 있는데 이것은 발견적 평가방법(Heuristic evaluation, 휴리스틱 평가), 사용성 구성요소 등 그가 발명한 여러 가지 사용성 향상 방법과 사용자 인터페이스의 향상을 위한 저렴하고 빠른 방법을 통해 사용성을 널리 알리고 진흥하고자 하는 운동이다.[34]

가) 제이콥 닐슨의 사용성의 다섯 가지 구성요소

제이콥 닐슨에 의하면 사용성은 학습용이성(Learnability), 효율성(Efficiency), 기억용이성(Memorability), 오류(Errors), 만족도(Satisfaction)의 다섯 가지 구성요소로 이루어져 있다. 각각의 구성요소의 설명은 다음 표와 같다.[35]

표 9. 사용성의 5 구성요소

구성요소	설명
학습용이성 (Learnability)	사용자가 처음으로 제품 또는 서비스를 접했을 때 수행 과제를 얼마나 쉽게 해낼 수 있는가
효율성 (Efficiency)	사용자가 제품 또는 서비스를 학습한 경우 과제를 얼마나 빠르게 수행할 수 있는가
기억용이성 (Memorability)	사용자가 제품 또는 서비스를 일정 기간 이상 사용하지 않고 다시 사용할 경우 얼마나 능숙하게 사용할 수 있는가
오류 (Errors)	사용자가 겪는 오류는 얼마나 많은가. 이 오류는 얼마나 심각한 수준인가. 사용자는 이 오류를 쉽게 복구할 수 있는가.
만족도 (Satisfaction)	사용자가 제품 또는 서비스를 사용할 때 얼마나 만족하는가

34) https://ko.wikipedia.org/wiki/제이콥_닐슨
35) 제이콥 닐슨, 2012

나) 제이콥 닐슨의 사용자 인터페이스 디자인에서의 열 가지 사용성 휴리스틱

20세기 후반, 1995년에 닐슨에 의해 선구적으로 개발된 열 가지 사용성 휴리스틱은 사용성 평가를 할 때 매우 유용한 체크 리스트이고 효율적으로 인터페이스 디자인을 평가하게 한다. 이는 대개 우리나라에서 휴리스틱 평가 가이드라인이라고 부른다. 이 가이드라인은 다음 표와 같다.[36)]

표 10. 제이콥 닐슨의 사용자 인터페이스 디자인에서의 사용성 휴리스틱

사용성 휴리스틱	설명
1. Visibility of system status (가시적 시스템 상태)	• 시스템은 적절한 피드백을 주어야 한다. • 사용자가 무슨 일이 일어나는지를 알 수 있게 정보를 주어야 한다.
2. Match between system and the real world (실제 사용 환경과 매치되는 시스템)	• 시스템에 익숙한 용어보다는 사용자에게 익숙한 단어, 어구 및 개념을 사용하라. • 사용자가 사용하는 언어를 사용하라. • 실제 세계처럼 자연스럽고 논리적인 순서로 정보를 나타내라.
3. User control and freedom (사용자의 주도권과 자유)	• 사용자는 실수로 기능을 선택하는 경우가 많으므로 대화상자 등을 거치지 않고 원하지 않는 상태를 벗어나기 위한 방법을 명확하게 표시하라. • 실행 취소 및 다시 실행을 지원하라.
4. Consistency and standards (일관성과 표준)	• 같은 상황에서 다른 말, 다른 상태, 다른 작용이 같은 것을 의미하게끔 하여 사용자에게 혼란을 주어서는 안 된다. • 플랫폼의 관례를 따르라.

36) Nielsen, 1995

사용성 휴리스틱	설명
5. Error prevention (오류 예방)	• 좋은 오류 메시지보다 더 좋은 것은 처음부터 문제가 발생하지 않도록 주의 깊게 설계하는 것이다. • 오류가 발생하기 쉬운 조건을 제거하거나 미리 체크해놓고 사용자가 작업을 취하기 전에 확인 옵션을 제공하라.
6. Recognition rather than recall (회상보다는 인지)	• 개체, 동작 및 옵션을 시각화하여 사용자의 기억력 부하를 최소화하라. • 사용자가 인터랙션에서 정보를 기억할 필요가 없게 하라. • 시스템 사용 지침은 필요할 때마다 눈에 잘 띄거나 쉽게 검색 할 수 있게 하라.
7. Flexibility and efficiency of use (사용 유연성과 효율성)	• 초보 사용자는 알아차릴 수 없지만 효율적인 구조는 숙련자의 작업을 빠르게 하고 나아가 경험자와 미경험자 모두를 만족시킬 것이다. • 사용자가 자주 사용하는 기능을 직접 효율적으로 조정할 수 있게 하라.
8. Aesthetic and minimalist design (아름다운 최소한의 디자인)	• 인터랙션에는 관련이 없거나 필요하지 않은 정보가 포함되어서는 안 된다. • 인터랙션에서 정보가 추가될 때마다 관련 정보와 경쟁하고 상대적으로 정보 가시도를 줄인다.
9. Help users recognize, diagnose, and recover from errors (사용자가 오류를 인지-진단-회복할 수 있게 도와라)	• 오류 메시지는 일반적인 언어(코드가 아닌)로 표현하라. • 문제를 정확하게 나타내야하며 해결방안을 건설적으로 제안하라.
10. Help and documentation (도움말과 설명서)	• 도움말 없이 시스템을 사용할 수 있는 것이 더 좋지만 도움말과 설명은 필요하다. • 검색하기 쉽고, 사용자의 업무에 초점을 맞추고, 실행해야 할 구체적인 단계를 나열해야하며, 너무 방대하지 않아야 한다.

다) 사용성 테스트

사용성 프로젝트를 진행하다 보면 사용자를 대상으로 실험을 할 경우가 있다. 사용자 테스트를 하는데 몇 명의 사용자를 대상으로 실험을 할 것인지에 대한 재미있는 가이드가 있는데 마찬가지로 제이콥 닐슨에 의해 연구되었다. 그의 "왜 다섯 명의 테스터가 필요한가"라는 기고문에 따르면 세 명에서 다섯 명의 테스트만으로도 문제를 발견하는 데에는 충분하다는 것이다.

다음 그림은 사용자의 수와 문제 발견 비율을 나타낸 것이다.[37] 그림에서 아래의 X축은 테스트 사용자의 수를 나타내고 왼쪽은 발견된 문제를 나타낸다. 약 세 명의 사용자를 테스트 했을 경우 존재하는 문제의 약 2/3인 65 ~ 70%의 문제를 찾을 수 있다는 얘기이고 다섯 명을 테스트 했을 경우에 약 80%를 찾을 수 있다는 것이다.

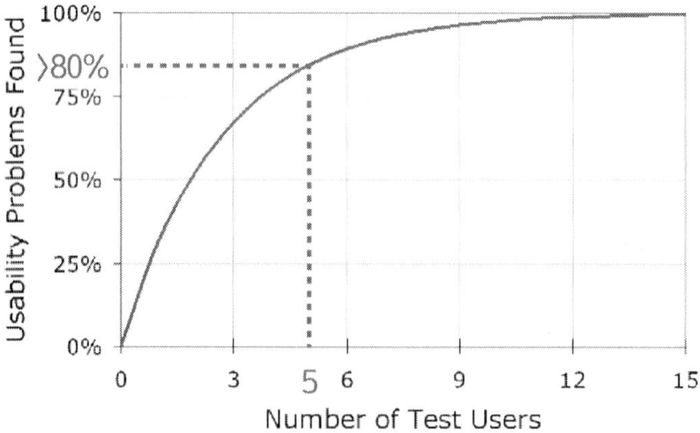

그림 15. Nielsen의 사용자 수에 따른 문제 발견

37) Nielsen, 2000

따라서 효율적인 테스트를 진행하려면 대규모 사용자를 대상으로 테스트 하는 것보다는 다섯 명 정도를 테스트 한 뒤에 문제점을 고치고 다시 소규모의 테스트를 반복하는 것이 더 효율적이라는 것이다.

4. 사용자 경험

사용자 경험(UX, user experience)은 특정 제품, 시스템 또는 서비스의 사용에 대한 사용자의 감정과 태도를 말한다. 여기에는 인간-컴퓨터 상호 작용(HCI) 및 제품 소유에 대한 실용적, 경험적, 정서적 의미 및 가치의 측면이 포함된다. 또한 유틸리티, 소프트웨어, 어플리케이션 등의 사용 용이성 및 효율성과 같은 시스템 측면에 대한 사용자의 인식도 포함된다. 사용자 경험은 어느 정도 주관적인 것으로 간주될 수 있다. 시간이 지남에 따라 사용 환경이 변화되고 개별 시스템이 변경되고 사용 환경이 더 넓어질 수 있기 때문에 지속적으로 수정되고 경험치이 축적되거나 경험의 양이 변화하므로 사용자 경험은 동적이고 변화하는 것으로 간주된다. '인간 시스템 상호 작용의 인간 공학에 관한 국제 표준'[38]은 사용자 경험을 "제품, 시스템 또는 서비스의 사용 또는 예상된 사용으로 인한 사람의 인식 및 대응"으로 정의한다. ISO 정의에 따르면 사용자 경험에는 사용 전, 사용 중 및 사용 후에 발생하는 모든 사용자의 감정, 신념, 선호도, 인식, 신체적 및 정신적 반응, 행동 및 성취가 포함된다.(ISO 9241-210, 2015) 즉

38) Ergonomics of human-system interaction - Part 210: Human-centred design for interactive systems

좋은 사용자 경험이란 사용자가 어떤 제품이나 서비스를 사용하기 전이나, 사용하는 중 그리고 사용한 후에 남는 개개인의 좋은 감정, 선호, 빠른 성취 및 성공을 제공하는 것이다.

5. 배려를 위한 디자인

'사회적 약자를 배려한 디자인', '누구나 누리는 디자인', '고령자를 위한 디자인'의 개념은 점차 진화하고 지속적으로 도입되고 진화한다. 배려를 위한 디자인의 역사는 다음과 같다.

표 11. 배려를 위한 디자인

연대	디자인 개념
1960	• 덴마크: 지적장애자 부모 모임발족(1951) • 덴마크: 노멀라이제이션, 덴마크 복지법(1959) • 미국: 건축 · 베리어프리법 (1967) • 유럽: 노멀라이제이션의 원리(1969)
1970	• UN: 무장애 도시 UN · 베리어프리 디자인 보고서(1974) • 국제기구: UN · 장애자의 권리선언(1975)
1980	• 국제기구: 국제 장애자의 해 제정(1981) • 미국: UD용어를 기사에서 사용–메이스박사(1985) • 미국: 유니버설디자인 제1회 UD국제회의(1988)
1990	• 일본: 공용품 · 공용서비스
2000	• 한국: 고령친화(2004) • 국제기구: 액세서블 디자인

가) 노멀라이제이션(normalization)

노멀라이제이션은 1959년 덴마크의 지체아 부모운동 중 제창된

이념이다. 노멀라이제이션(normalization)은 장애를 가진 모든 사람들이 삶의 패턴과 생활의 조건을 가능한 한 일상생활에 가깝게, 즉 비장애인과 같은 상황과 삶이나 사회의 방식에 가깝게 이용할 수 있도록 하는 것을 의미한다.

우리 언어로 일상화·보편화·정상화 등의 의미를 가지는 노멀라이제이션은 고령자나 장애인도 일반인들과 함께 대등한 인간으로서 더불어 살아가는 사회가 정상적인 사회라는 사고방식을 보이고 있으며, 상대적으로 의존적일 수밖에 없는 고령자나 장애인이 시민으로서 정상적인 생활을 할 수 있도록 환경을 정비하고, 정상적인 생활조건에서 자기결정권을 가지고 일할 수 있는 분위기를 조성해야 한다고 보는 개념을 말한다.[39]

나) 무장애 도시(barrier-free city, 배리어프리, 무장벽도시)

무장애 도시(barrier-free city, 무장벽 도시)는 고령자, 장애인도 살기 편한 도시로 만들 수 있도록 하기 위해 물리적 · 제도적 장치(장벽)를 허물자는 운동을 말한다. 1974년 국제연합의 장애인 생활환경 전문가회의에서 '장벽 없는 건축 설계' 보고서[40]를 시점으로 건축학에서 사용되기 시작하였다. 이후에 일본·스웨덴·미국 등 선진국이 중심이 되어 고령자나 장애인들도 일반인들과 똑같이 편리하게 생활할 수 있도록 공공시설을 만들 때 문턱을 없애자는 운동을 펼치면서 전 세계적으로 확대되었다.[41]

---

39) 두산백과, 2014

40) Barrier-free Design: Report of a United Nations Expert Group Meeting on Barrier-Free Design, 1974

41) 두산백과, 2014

무장애 도시의 개념은 종종 유니버설 디자인과 같은 의미이거나 큰 차이 구분 없이 사용되지만 유니버설 디자인은 비교적 많은 분야에서 사용되는 반면 무장애 도시는 주로 건축과 도시 등의 환경디자인 측면의 담론에서 이야기 되는 경우가 많다.

다) 유니버설 디자인(universal design)

유니버설 디자인(universal design)은 성별, 연령, 국적, 문화적 배경, 장애의 유무와 관계없이 누구나 쉽게 사용할 수 있는 제품과 환경을 만드는 디자인을 말한다. 즉 '모든 사람을 위한 디자인(design for all)', '범용(汎用) 디자인' 등으로 불린다. 위에 언급한 '무장애 도시'도 큰 카테고리에서 보았을 때 유니버설 디자인의 한 종류라고 할 수 있다. 장애의 유무와 상관없이 모든 사람이 자유롭게 사용할 수 있도록 환경, 도구, 설비를 만들고 설계하는 것을 유니버설 디자인 이라고 한다.[42)]

특히 유니버설 디자인의 일곱 가지 원칙이 노스캐롤라이나 주립대학교의 로널드 메이스(Ronald Mace)가 이끄는 건축가, 제품 디자이너, 엔지니어 및 환경 디자인 연구자 등의 작업 그룹에 의해 1997년에 개발되었다. NCSU의 유니버설 디자인 센터[43)]에 따르면 이 원칙은 기존 디자인을 평가하고 설계 프로세스를 안내하며 디자이너와 소비자 모두에게 보다 유용한 제품과 환경의 특성을 교육하는 데 적용될 수 있다. 그 일곱 가지 원칙은 다음 표와 같다.[44)]

---

42) 두산백과, 2014

43) Center for Universal Design at North Carolina State University

44) NDA(National Disability Authority), 2016

표 12. 유니버설 디자인의 7가지 원칙

원칙	설명
1원칙. Equitable Use (공정한 사용)	• 다양한 능력을 가진 사람들에게 유용하고 유익하여야 한다.
2원칙. Flexibility in Use (사용의 유연성)	• 개인 취향과 능력을 수용하여야 한다.
3원칙. Simple and Intuitive Use (간단하고 직관적인 사용)	• 사용자 경험, 지식, 언어 기술 또는 현재 집중할 수 있는 수준에 관계없이 사용은 이해하기 쉬워야 한다.
4원칙. Perceptible Information (인지 가능한 정보)	• 주변 조건이나 사용자의 감각 능력에 관계없이 정보를 효과적으로 사용자에게 전달해야 한다.
5원칙. Tolerance for Error (오류에 대한 관용)	• 우발적인 또는 의도하지 않은 행동에 의한 위험초래 및 유해한 결과를 최소화해야 한다.
6원칙. Low Physical Effort (적은 신체적 노력)	• 최소한의 수고로 효율적이고 편안하게 사용할 수 있어야 한다.
7원칙. Size and Space for Approach and Use (접근과 사용을 위한 크기와 공간)	• 사용자의 신체 크기, 자세 또는 이동성에 관계없이 접근, 도달, 조작 및 사용을 위한 적절한 크기와 공간이 제공되어야 한다.

라) 액세서블 디자인(accessible design)

액세서블 디자인(accessible design)은 신체 기능에 제한이 있는 사람에게 초점을 맞추어 기존 디자인을 그 사람들의 요구에 맞춰 확장함으로써 제품이나 서비스를 그대로 이용할 수 있는 잠재고객을 최대한 늘리려는 디자인을 말한다.[45)]

흔히 웹이나 모바일에서 말하는 접근성의 확보도 액세서블 디자인이라고 할 수 있으며 액세서블 디자인(accessible design)을 간단

45) 공용품백서, ISO/IEC Guide 71

히 접근성(accessibility)이라고 말하기도 한다. 접근성은 "접근할 수 있는 능력이나 가능성"으로 볼 수 있으며 이 개념은 장애가 있거나 특수한 요구가 있는 사람들에게 접근을 허용하거나 보조 기술을 사용하여 접근을 가능하게 하는 데 중점을 둔다. 접근성의 연구 및 개발은 궁극적으로 모든 사람에게 이익을 가져다준다는 철학 아래에 도입이 확대되고 있다.

마) 공용품(共用品)

공용품은 일본에서 사용되는 용어로써 신체적 특성과 장애에 관계없이 더 많은 사람들이 함께 이용하기 쉬운 제품, 시설, 서비스를 일컫는 개념이다. 공용품은 복지기기와 일반품의 적합성을 목표로 하는 개념에 기초하여 '장애가 있는 사람과 없는 사람이 함께 사용할 수 있다.'를 모토로 개발 되었고 유니버설 디자인과 동의어라고 주장하는 경우도 있다.[46]

바) 인클루시브 디자인(inclusive design)

인클루시브 디자인은 주로 영국에서 쓰이는 용어로써 디자이너가 그들의 제품이나 서비스가 나이나 능역에 상관없이 가능한 한 넓은 사용자들의 필요성에 초점을 맞추는 일반적인 디자인 접근법이라고 표시하고 있다.[47] 이 또한 유니버설 디자인의 한 종류라고 볼 수 있으며 '포괄적 디자인'이나 '수용적 디자인' 등으로 해석될 수 있다.

46) 타나카 나오토, 2004
47) UK Design Council, 2009

영국 표준 협회는 '특별한 적응이나 특수 디자인을 필요로 하지 않고 합리적으로 가능한 많은 사람들이 접근 할 수 있고 사용할 수 있는 제품 또는 서비스의 디자인'[48]으로 인클루시브 디자인을 정의한다.

사) 트랜스제너레이셔널 디자인(transgenerational design)

초세대적 디자인 또는 생애주기 디자인(lifespan design)이라고도 불이는 이 개념은 미국 시라큐스 대학의 제임스 퍼클 교수가 모든 연령대의 사용자에 맞게 디자인되어야 하는 필요성에 대해 말하고 있다. 제품과 환경은 가장 넓은 연령대의 스펙트럼에 맞추어 디자인 되어야 한다는 개념이다. (Purkl, James; Abic, Anita, 1988, Guidelines and Strategies)

트랜스제너레이셔널 디자인은 인간의 노화와 관련된 신체적, 감각적 장애와 동시에 양립할 수 있는 제품과 환경을 만들고 일상 생활의 주요 활동을 일반인과 같이 영위할 수 있게끔 하는 것을 말한다. 이 사조는 가장 광범위한 연령 스펙트럼을 수용하는 제품과 환경 등을 구축하기 위하여 노력한다. 트랜스제너레이셔널 디자인은 모든 연령대와 다양한 능력을 가진 사람들의 변화하는 요구를 수용할 수 있는 제품이나 서비스를 설계하기 위한 유용한 지침과 전략을 제시한다.

아) 고령친화산업(senior-friends industry)

48) British Standards Institute, 2005

고령친화산업이란 생물학적 노화 및 사회경제적 능력 저하를 보이는 고령자를 대상으로 정신적·육체적 건강, 편익, 안전을 도모하기 위한 상품 및 서비스를 제공하는 산업을 말한다. 여기에서 '고령친화'라는 용어는 실제로 '노인이 편리하면 모든 사람도 편리하다'는 취지하에서 편리성과 안전성에 입각하여 노인의 선호를 우선적으로 고려한다는 뜻을 담고 있다. 지금까지의 산업이 기능적인 측면을 중심으로 발전하였다면, 고령친화산업은 사람 중심으로 변화 발전하는 산업이라고 할 수 있다. 즉 고령친화산업은 고령자가 이용하기 편한 제품을 생산함으로써 해당 제품을 이용하는 이들의 삶의 질을 높여주는 산업이라는 것이다.[49]

고령친화산업진흥법 제2조(정의) 제2호에서는 고령친화산업을 '고령친화제품 등을 연구·개발·제조·건축·제공·유통 또는 판매하는 업'이라고 정의하고 있다. 보건복지부의 고령친화산업팀은 고령친화산업을 '노인(또는 중·장년층)을 대상으로 민간이 시장경쟁원리에 의해 건강·편익·안전을 도모하기 위한 제품과 서비스를 제공하는 산업'으로 정의하고 있다. 여기에는 고령자뿐만 아니라 현재의 중장년층이 향후 고령층으로 편입되었을 때를 대비하여 소비 및 투자하는 제품과 서비스도 고령친화산업의 범주에 포함된다고 볼 수 있다.[50] 우리나라 정부는 인구고령화에 능동적으로 대응하고 노인의 삶의 질 향상과 경제의 발전을 위해 '저출산고령사회기본법', '고령친화산업진흥법' 등을 마련하였으며, 고령친화산업을 지원·육성하고자 2008년 한국보건산업진흥원을 고령친화산업지원센터로 지정하여

---

49) 매일경제 경제용어사전

50) 대통령자문 고령화 및 미래사회위원회, 2005

운영하고 있다. 고령친화산업지원센터는 고령친화산업 육성을 위한 정책 발굴 및 기획 연구, 고령친화우수제품 지정제도 개발·운영 및 고령친화산업체 지원을 위한 고령자 복지형 헬스케어 융합 제품 지원 사업, 사용성평가 지표개발 및 제품 개선지원사업, 국내외 시장 창출을 위한 지원 산업체 지원 등을 수행하고 있다.[51]

51) 고령친화산업지원센터, 2015

제5장 웹 퍼블리싱 관련 정보

1. 웹 에이전시

가) 웹 에이전시 정의

광고를 대행하는 광고대행사에 웹 에이전시를 비견할 수 있다. 광고주(client)의 광고 업무를 대행하는 회사. 광고주의 광고계획을 수립하고, 광고물을 제작하여 매체를 통해 발표하면서 그 대가로 취득하는 매체수수료 및 보수로 운영되는 조직체를 광고대행사라고 한다.

웹을 제작하는데 있어서 웹을 직접 원하는 회사나 단체, 개인이 만들 수도 있지만 그것을 다른 회사에게 의뢰해서 만들 수도 있다. 온, 오프라인 기업을 대상으로 웹 사이트 제작은 물론 사업아이디어 평가, 인터넷 사업 컨설팅, 벤처창업지원과 보육(인큐베이팅), 국내외 사업 확대 등 종합 컨설팅 서비스를 제공하는 업체들을 웹 에이전시라고 한다. 웹 에이전시는 인터넷 비즈니스 및 서비스에 필요한 모든 솔루션을 제공하고 있는 기업이다.

웹 에이전시는 여러 다른 이름으로 불리기도 하는데 '사용자 인터페이스 디자인(User Interface)' 또는 '사용자 경험 디자인(User eXperience)' 등을 붙여 'UI/UX Design Agency', 'UX Agency',

'UX Design Agency' 등으로도 부르기도 하지만 명칭으로 업무의 경계를 명확히 나누기는 힘들다. 기타 외국에서는 'e-서비스 에이전시(e-Service Agency)', '인터랙티브 에이전시(Interactive Agency)', '뉴미디어 에이전시(New Media Agency)' 등으로도 부른다.

나) 웹 에이전시의 업무 영역

웹 에이전시는 웹 사이트의 제작과 운영대행은 물론 인터넷 비지니스의 아이디어 평가, 인터넷 사업에 대한 컨설팅, IT 관련 벤처창업지원과 보육(인큐베이팅) 사업, 국내외 사업 확대 등 인터넷과 관련된 종합 컨설팅 서비스를 제공하는 업체이다. 웹 에이전시의 업무 영역은 다음과 같이 크게 세 가지로 나눌 수 있다.

① Consulting(컨설팅, 자문)
웹 전략 수립과 사업기획을 위한 자문 영역

② Creativity(창조)
그래픽, 멀티미디어, 컨텐츠를 제공하는 창조 영역

③ Development(개발)
어플리케이션을 개발하고 시스템을 구축, 통합해 주는 IT영역

다) 웹 에이전시의 인력 구성

웹 에이전시는 여러 전문가들이 모인 전문 창작 집단이다. 웹 에이전시에서는 컨설턴트(Consultant), 프로젝트 매니저(Project Manager), 카피라이터(Copywriter). UI/UX 디자이너(UI/UX Designer), 그래픽 디자이너(Graphic Designer), 프로그래머(Programmer) 등

다방면의 전문가들이 협업에 의해 하나의 프로젝트가 진행된다. 이들이 맡는 업무 영역은 다음과 같다.

① Consultant: 웹 전략 수립, 사업기획, 기업과의 소통
② PM(Project Manager): 프로젝트 진행 책임, 기업과 소통
③ Copywriter: Contents 개발, 기업의 Needs를 파악
④ UI/UX Designer: UI Design, UX Design, Site 구성 및 Navigation, 사용성 테스트 등을 담당
⑤ Graphic Designer: 파악된 기업의 Needs를 바탕으로 디자인, 기본적인 Layout에 대한 Coding, 멀티미디어 컨텐츠 및 그래픽 디자인을 담당
⑥ Programmer: Coding, Programming, DB 구축, System Integration

라) 웹 에이전시의 존재 이유

웹 에이전시의 고객은 웹 에이전시를 이용할 때 여러 가지 요소를 고려하는 데 핵심적인 세 가지 요소는 바로 경제성, 전문성과 창조성이다.

(1) 경제성

기업들은 자체적으로 웹 에이전시가 보유한 이러한 전문 인력을 보유할 경우 인력의 비용의 과다지출이 올 수 있다. 즉 이러한 인력을 모두 보유하는 것 보다는 아웃소싱(outsourcing, 외주)을 통해 웹 에이전시와 협력하는 것이 더 경제적이고 효과적일 수 있다.

(2) 전문성

트렌드가 빨리 변화하는 현대 사회에서는 이 트렌드를 빨리 읽어 그것을 기업에 도입하여 경쟁력을 갖출 수 있도록 하는 것이 중요하다. 웹 에이전시는 전문성을 바탕으로 기업의 인터넷 비지니스 방향에 대해 조언하는 Consulting을 수행한다. 즉 축적한 노하우(Know-How)를 바탕으로 한 기업의 인터넷 비즈니스 방향에 대해 전문적인 조언이 가능하다.

(3) 창조성

많은 기업이나 정부 등의 단체에서는 특성상 개개인의 창조성보다는 단체의 조직력이나 효율 등이 중요시 되는 경우가 많이 있다. 한 회사의 웹 사이트만을 지속적으로 개발하는 회사 내의 인하우스(In House) 디자이너 혹은 인하우스 디자인 조직의 경우 타성에 젖는 매너리즘에 빠져들 수 있다. 이러한 조직을 직접 운영하는 것보다 외부 웹 에이전시에서 끊임없이 창조력을 아웃소싱하는 것이 더 효율적일 수 있다.

제6장 인터넷 이론 관련 기출문제

(1) 웹 디자인에 관한 설명으로 거리가 먼 것은?

① 웹 페이지를 디자인 하고 제작하는 것을 의미한다.

② 웹 디자인은 개인용 외 기업용, 상업용 등 매우 다양하다.

③ 웹 디자인은 웹과 디자인이라는 개념이 결합된 것이다.

④ 기업·단체·행사의 특징과 성격에 맞는 시각 상징물이다.

(2) 신뢰성 있는 패킷전송을 제공하며 인터넷 서비스의 기반이 되는 통신 프로토콜은?

① UDP

② TCP/IP

③ PSDN

④ FTTH

(3) 다음 중 네트워크를 구성하는 모든 노드들이 중심의 한 노드에 일대일로 연결된 네트워크 형태는?

① Star형

② Ring형

③ Tree형

④ Bus형

(4) 웹브라우저(Web Browser)가 아닌 것은?

① 아파치

② 크롬

③ 파이어폭스

④ 오페라

(5) 인터넷을 이용하여 한 컴퓨터에서 다른 컴퓨터로 파일 전송을 하는 프로토콜은?

① FTP

② Usenet

③ Telnet

④ ICMP

(6) 일반적인 웹브라우저(Web Browser)의 기능이 아닌 것은?

① 인터넷을 편리하게 사용할 수 있다.

② 원하는 웹사이트에 쉽게 접속할 수 있다.

③ 컴퓨터 바이러스를 치료해 준다.

④ 자주 이용하는 웹사이트의 목록을 관리할 수 있다.

(7) 네트워크 구조 중 링(Ring)형의 특징에 대한 설명으로 틀린 것은?

① 노드의 변경 및 추가가 쉽다.

② 2개 이상은 각 노드들이 고리 형태로 연결되어 있다.

③ 전송중인 데이터는 목적 컴퓨터에 도달할 때까지 링을 통해 전달된다.

④ 노이즈(noise)에 강하다.

(8) 구글(Google) 검색엔진에 대한 설명으로 틀린 것은?

① 로봇(Robot) 프로그램을 이용하는 단어별 다국어 검색 엔진이다.

② 검색 결과와 유사한 문서들을 [비슷한 페이지] 링크로 보여준다.

③ PDF 형태의 정보 검색이 가능하다.

④ 모든 검색어에 대해 기본 값으로 OR 연산을 실행한다.

(9) 두 개의 컴퓨터 사이에 정보교환을 위해 사용되는 규칙을 의미하는 것은?

① 스트림

② 패킷

③ 프로토콜

④ 인터페이스

(10) 웹에이전시를 이용하는 이유가 아닌 것은?

① 경제성

② 전문성

③ 창조성

④ 신속성

(11) 다음 중 TCP/IP 프로토콜의 구성 계층에 해당하지 않는 것은 무엇인가?

① 응용 계층

② 전송 계층

③ 인터넷 계층

④ 표현 계층

(12) 웹브라우저의 기능으로 옳지 않은 것은?

① 웹사이트 접속

② 정보 검색

③ 사진 합성

④ 인터넷서비스 제공

(13) 연산자 좌우의 검색어를 모두 포함하는 데이터를 찾는 정보검색 연산자는?

① OR

② NOT

③ AND

④ AND NOT

(14) 월드 와이드 웹(WWW)서비스를 이용하기 위해 개발된 프로그램으로 인터넷에 연결된 컴퓨터를 탐색하고 원하는 정보를 읽어 들여 그 내용을 화면에 표시해 주는 클라이언트 프로그램은?

① 배너

② 포털 사이트

③ 웹 브라우저

④ 홈페이지

(15) 정기적이고 자발적으로 인터넷의 정보를 수집하고, 수집한 정보를 검색 엔진의 데이터베이스에 저장하는 프로그램은?

① bug

② crawler

③ robot

④ worm

(16) OSI 7계층 구조를 하위 계층부터 상위 계층까지 순서대로 나열한 것은?

① 물리계층→데이터링크계층→세션계층→네트워크계층→전송계층→응용계층→표현계층

② 물리계층→데이터링크계층→네트워크계층→전송계층→세션계층→응용계층→표현계층

③ 물리계층→데이터링크계층→네트워크계층→전송계층→세션계층→표현계층→응용계층

④ 전송계층→물리계층→데이터링크계층→네트워크계층→세션계층→표현계층→응용계층

(17) 인터넷의 발전을 시대 순으로 옳게 나열한 것은?

① ARPANET→NSFNET→TCP/IP 표준→WWW

② ARPANET→TCP/IP 표준→NSFNET→WWW

③ TCP/IP 표준→ARPANET→NSFNET→WWW

④ TCP/IP 표준→NSFNET→ARPANET→WWW

(18) 가시광선에 대한 설명으로 틀린 것은?

① 빛의 파장 중 380㎜에서 780㎜ 사이의 범위로 눈으로 지각되는 영역을 말한다.

② 백색광이 프리즘을 통해 나타나는 색띠를 말한다.

③ 라디오나 텔레비전, 휴대폰의 파장범위를 포함한다.

④ 전자기파 스펙트럼이라고도 한다.

(19) 인터넷의 시조이며, 미 국방성이 군사 목적으로 UCLA, 스탠포드 대학 등이 보유한 컴퓨터를 네트워크로 연결한 것은?

① USENET

② FTP

③ WAIS

④ ARPANET

(20) 전자메일 서비스에 연관된 프로토콜(Protocol)이 아닌 것은?

① IMAP

② NNTP

③ POP3

④ SMTP

해답과 해설은 부록에 있습니다.

제2부 | 이미지 실습편

제1장 빛과 색

1. 색이란 무엇인가

가) 가시광선

색을 이해하기 위해서는 빛을 이해해야 한다. 사람이 색을 볼 수 있는 것은 빛을 볼 수 있기 때문이다. 빛이 없으면 사람은 색을 볼 수 없다. 색은 빛의 스펙트럼 중 일부분이다. 빛에는 사람이 눈으로 볼 수 있는 스펙트럼이 있고 이를 곧 가시광선이라고 부른다. 가시광선(눈에 보이는 빛, visible light)이라는 표현은, 곧 그 단어 자체적으로 '눈에 보이지 않는 빛(불가시광선, invisible light)'도 있다는 것을 의미한다. 따라서 세상에는 사람이 볼 수 없는 빛이 있는 것이다.

물리적인 의미에서의 빛과 일상적인 혹은, 추상적인 의미에서의 빛은 그 뜻이 다르다. 일상적인 의미에서의 빛은 가시광선을 말하지만, 물리적인 의미에서의 빛은 전자기파 그 자체를 의미한다. 광속이란 전자기파의 속도이고 눈에 보이지 않을 수도 있다. 추상적인 의미로 빛은 여러 가지 주관적인 의미를 줄 수 있다. 색도 마찬가지이다. 각각의 색은 개인이나 한 집단에게 각각 다른 의미를 줄 수 있다.

다음 그림[52])은 전자기파의 스펙트럼을 보여준다.

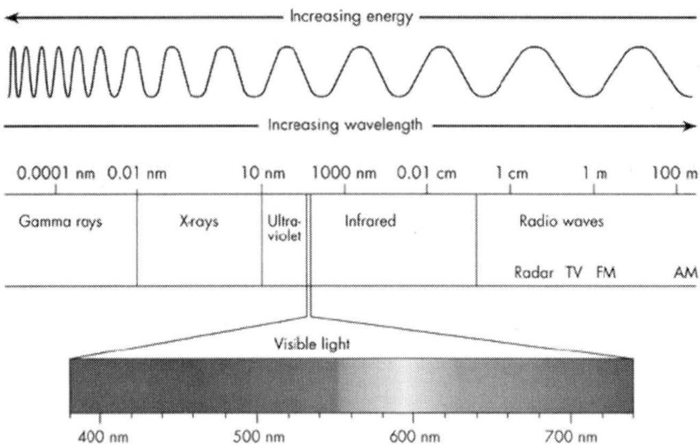

그림 16. 가시광선

사람마다 어느정도 편차는 있지만 대개 380 ~ 750 nm(나노미터)의 영역을 볼 수 있다. 이 보다 파장이 짧은 전자기파를 자외선(UV, Ultra Violet) 이 보다 파장이 긴 전자기파를 적외선(IR, Infra Red)이라고 한다.

나) 적외선

적외선(赤外線, Infrared, IR)은 가시광선보다 파장이 긴 전자기파다. 넓은 뜻의 빛이지만, 사람 눈에는 보이지는 않는다. 일부 동물과 곤충들은 적외선을 볼 수 있다고 한다. 적외선은 파장이 길어 에너지가 낮은 편이라 자외선처럼 화학적이나 생물학적 반응은 잘 일으키지 않고, 주로 열을 전달한다. 이 때문에 열선이라고도 한다. 적외선은 열영상을 얻는데 사용된다. 발열이 있는 것은 무엇이든 적외선

52) 9-4fordham, Electro Magnetic Spectrum and Light https://goo.gl/wjZE2B

을 방출하므로 이것을 영상화한다. 기상 정보 분석에도 쓰인다. 적외선으로 찍은 위성사진으로 구름의 높이와 종류를 알 수 있고, 지면과 해수면의 온도도 알 수 있다고 한다.

근거리 무선 통신은 흔히 "적외선 통신"이라고 하며, 적외선 LED와 수신기를 이용해서 근거리에서 선 없이 통신하는 기능으로 사용이 된다. 주로 TV 리모콘이나 하이패스 등에 쓰이는 기능이다. 적외선은 기타 군사적인 목적이나, 온열치료 등의 의료용으로 사용하기도 한다. 아래 그림은 기상정보를 위한 열영상 사진[53]과 신체의 열영상 사진[54]을 보여준다.

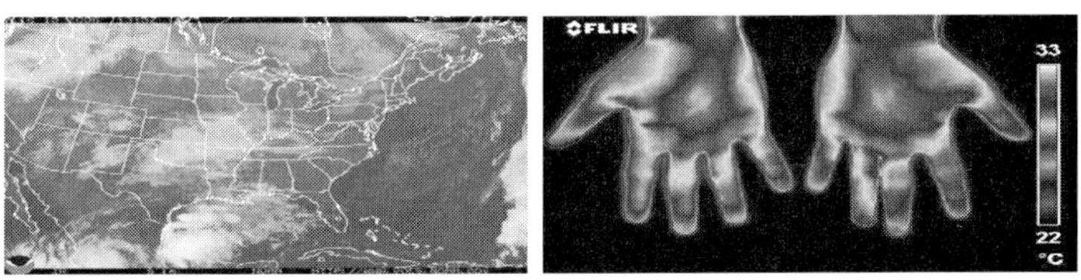

그림 17. 기상정보를 위한 열영상 사진(좌) 신체 열영상 사진(우)

다) 자외선

자외선(紫外線, Ultraviolet, UV)은 가시광선보다는 파장이 짧고 X선보다는 파장이 긴 전자기파이다. 마찬가지로 사람은 볼 수 없지만 일부 곤충이나 새는 볼 수 있다. 사람은 일반적으로 자외선을 볼 수 없는데 이는 각막이 자외선을 차단하기 때문이다. 만약 각막이 없어 자외선을 차단하지 못한다면 사람의 눈은 시력을 잃을 것이다.

53) https://namu.wiki/w/적외선

54) https://i.ytimg.com/vi/3AFF5hceiis/hqdefault.jpg

일반적으로 자외선은 에너지가 높아 화학작용을 할 수 있어 신체에 영향을 미치기 때문이다.

자외선은 대체적으로 인체에 해롭다. 주로 피부와 눈 등에 해로운 영향을 미친다. 햇빛에 포함된 자외선을 비롯한 모든 자외선은 발암물질이다. WHO의 국제 암 연구기관인 IARC[55]는 모든 종류의 자외선을 1군 발암물질, 즉 암 유발이 확인된 물질로 분류하고 있다. 최근에는 각종 노화와 주름의 주범으로 여겨져 남녀노소 자외선 차단제가 권장되고 있다. 자외선 차단제의 겉면에는 UV라고 표시가 되어 있다. 이는 자외선(Ultraviolet)의 약자이다. 몸에 해롭지만 자외선은 건선, 백반증, 아토피 등을 치료할 때 쓰이기도 한다. 살균 작용이 있기 때문에 식기나 기타 살균이 필요한 기구를 소독하는데 사용되기도 한다. 식수 소독에도 자외선이 사용될 수 있다.

다음 그림처럼 주민등록증, 운전면허증, 여권 등 신분증이나 고액권 지폐나 우표, 상품권에는 자외선을 비추면 무늬가 나타나는 특수 코팅이 되어 있다. 다음 사진은 화폐에 좌외선을 쐰 것(좌)과 자외선 조명에 의해 발광하는 형광물질(우)을 보여준다.

그림 18. 좌외선을 쐰 지폐 사진(좌), 자외선에 의해 발광하는 형광물질(우)

55) International Agency for Research on Cancer

라) 기타

가시광선, 적외선, 자외선 이외에도 많은 전자기파가 있다. 주요 전자기파는 다음과 같은 것들이 있다.

- 엑스레이(X-rays): 주로 뼈나 근육을 촬영하는 데 많이 이용한다. 노련한 의사들은 이걸로 내장에 이상이 있나 없나 까지 모두 판단할 수 있다고 한다. 뢴트겐(Röntgen) 사진이라고도 부른다.
- 감마선(Gamma rays): 감마선은 유해하며 인체나 생물에 장시간 조사되면 세포가 파괴되고, DNA 사슬이 끊어져 암을 유발할 가능성이 있다. 우주로부터 늘 감마선이 내려 쬐이고 있지만 원래 약한 강도로 온데다가 대기에 흡수되어 강도가 미약하다.
- 라디오웨이브(Radio waves): 이 전파는 무선 통신, 방송, 레이다 및 항법 시스템, 기타 여러 용도에 쓰인다. 통신, AM, FM, RFID, 레이더, DMB, Wi-Fi, 휴대전화(2G, 3G, 4G 등), 무선전화기, 무선모형(RC), 무선천문학, 통신위성, 위성방송 등에 쓰이는 전자파가 라이오웨이브이다.

2. 색각

사람은 빛을 인지하여 색을 볼 수 있다. 다음 그림을 통하여 사람의 눈의 구조를 보자.[56)]

56) http://rockguy.tistory.com/entry/시작-카메라의-원리

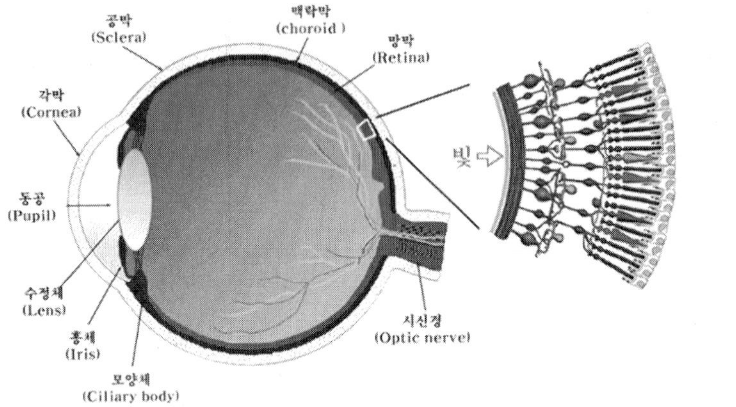

그림 19. 사람 눈의 구조

위의 사진에서 보는 것과 같이 사람 눈의 제일 앞에는 각막이 있다. 각막은 빛을 투과시키는 구조이기 때문에 투명하다. 빛을 굴절시키는 역할을 하고 민감하기에 이물질을 바로 인식하고 반응한다. 동공은 눈의 한가운데에 있는 것으로 동그랗고 검은 부분이다. 대개 '눈동자'라고 부르는 것이다. 각막을 통과한 빛은 이곳을 지나 수정체에 다다른다. 홍채는 동공의 크기를 조절한다. 홍채는 사람마다 색깔이 다른데 대개 인종에 따라 색이 다르다.

수정체를 지난 빛은 망막에 다다른다. 망막의 표면에는 간상이나 추상처럼 보이는 빛에 민감한 감각 세포인 수용기 세포가 있다. 이들 간상체와 추상체는 작은 상자에 들어가 있는 것처럼 서로 나란히 채워져 있으며 스펙트럼의 여러 부분의 빛에 대해 민감하다. 간상체는 빛과 어둠을 인지한다. 즉 명암을 인지하는 것이 간상체의 역할이며 추상체는 색을 인지하게 한다. 추상체 내에는 세 개의 다른 수용기가 존재하는데 이 세 가지 수용기는 각각 다른 파장을 처리한다.

단파장(Blue 계열)은 S추상체, 중파장(Greeen 계열)은 M추상체, 그리고 장파장(Red 계열)은 L추상체가 민감하다. 색을 인지하는 색각은 이 세 추상체의 합성으로 만들어진다.[57] 즉 RGB 색광의 혼합으로 색이 만들어지는 것이고 이를 가산혼합이라 한다.

3. 가산혼합과 감산혼합

위에서 얘기한 RGB를 이용한 가산혼합 외에도 감산혼합 방식도 있다. 색의 체계는 '신의 색'과 '인간의 색' 크게 두 가지로 나눌 수 있는데 '신의 색'은 실제 존재하고 사람이 인식할 수 있는 색이고 가산혼합(빛색, RGB) 체계를 가진다. 사람이 자연의 색을 모방한 것이 '인간의 색'이고 감산혼합(물감색, CMY) 체계를 가진다. 아래 그림의 왼쪽은 가산혼합을, 오른쪽은 감산혼합의 원리를 보여준다.

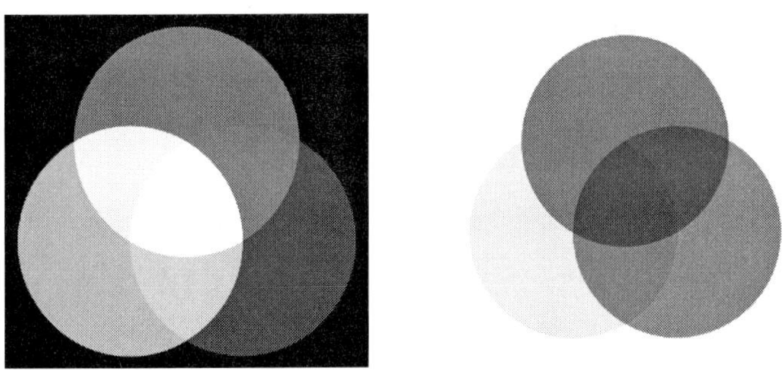

그림 20. 왼쪽 가산혼합과 오른쪽 감산혼합의 원리

57) 디자이너 상식백과, 질야 빌츠(2007)

RGB 색상체계는 빛의 혼합으로 색을 더하면 더할수록 밝아지기 때문에 가산혼합이라고 부른다. 이는 Red, Green, Blue의 세 가지 광원(채널)을 사용하는 것이다. 위 왼쪽 그림은 가산혼합의 원리를 보여준다. 빛이 없는 상태는 암흑이고 검정이다. 검정색은 'Black'의 끝 글자를 따서 'K'라고 부른다. K에 빨간색 빛을 켜면 'R', 녹색 빛을 켜면 'G', 파란 빛을 켜면 'B'가 나타난다. RGB의 세 가지 빛이 모두 비추는 부분은 White가 된다.

위의 오른쪽 그림은 감산혼합의 원리를 보여준다. 감산혼합은 물감의 혼합이라고 생각하면 된다. 색을 더하면 더할수록 어두워지기 때문에 감산혼합이라고 부른다. 감산혼합의 삼원색은 CMY이다 'C'는 'Cyan', 'M'은 'Magenta', 'Y'는 'Yellow'를 나타낸다. CMY를 모두 섞으면 검정색이 된다. 하지만 사람이 현재 가진 기술로는 순수한 CMY색을 만들 수 없기 때문에 이 세 색상을 섞는다고 검정색이 나오지는 않는다. 따라서 감산혼합에서는 CMYK의 네 가지 색상을 원색으로 분류하기도 한다. 검정색을 따로 원색으로 지정하는 것이다. 오프셋 컬러 인쇄 시에는 CMYK의 네 가지 색상을 사용하여 인쇄한다.

한편 가산혼합에서 원색은 RGB이지만 2차색은 CMY가 된다. RG를 함께 쓰면 Y가 생기고 GB의 혼합은 C가 된다. RB의 혼합은 M이 된다. 또 감산혼합의 원색은 CMY이지만 2차색은 RGB가 된다. MY의 혼합은 R, CY의 혼합은 G, CM의 혼합은 B가 되 것이다.

제2장 파일 포맷

1. 파일 포맷이란

파일 포맷(file format)은 저장을 목적으로 정보를 컴퓨터 파일로 인코딩(encoding)하는 특별한 방식이다. 모든 파일은 독특한 자신만의 포맷을 가지고 있다. 또한 각각의 운영 체제(OS, Operating System)는 전통적으로 파일을 구별하는 접근 방법이 다르며 이에 따라 각기 특성이 있으며 장단점이 존재한다. 중요한 파일 포맷을 종류별로 구분해 보고 기억하자.

가) 주요한 그림파일 포맷

- AI(Adobe Illustrator): 어도비(Adobe) 사의 일러스트레이터에서 기본적으로 저장하게 되는 파일포맷이다. 벡터(vector)형식으로 색상과 형태의 보존력이 높다.
- BMP(Bitmap): 마이크로소프트 사가 개발한 파일형식으로 압축하지 않은 비트맵 이미지를 저장하는 Windows OS의 그래픽 파일 형식이다.
- JPG(Joint Photographic Experts Group): 사진이미지를 위해 개발된 형식으로 손실 압축 기법을 사용한다. 손실 압축으로 압축률을

높일 경우 이미지의 상태가 떨어지는 단점이 있다. JPEG로 쓰기도 한다.

- PNG(Portable Network Graphics): 인터넷을 위해 만들어진 그래픽 파일 형식이다. 트루 컬러를 지원하고 무손실 압축을 사용하여 이미지를 손상시키지 않은 채 웹에 그대로 표현할 수 있다. 투명채널(알파채널)을 가질 수 있는 것이 큰 장점이다. GIF, JPG, PNG 파일포맷은 대표적인 인터넷 그래픽 파일 포맷이다.
- GIF(Graphic Interchange Format): 미국의 컴퓨서브(CompuServe)사가 개발한 온라인 전송을 위해 만든 그래픽 포맷으로, 색상의 무손실 압축 기술을 사용한다. 애니메이션(Gif Animation)이 가능한 포맷이기도 하다.
- PSD(Photoshop Document): 어도비 사의 포토샵에서 사용되는 기본 형식이다. 무손실 압축 기술을 사용하며, 이는 단순히 이미지 저장뿐 아니라 사용되는 문자, 레이어, 알파채널, 패스(path), 텍스트 들을 함께 저장한다.
- EPS(Encapsulated PostScrip): 인쇄할 때 사용하는 아트워크를 저장하는 파일 포맷이다. 고품질의 출력전용 파일이다. 어도비 일러스트레이터에서의 벡터 이미지를 지원한다.
- SVG(Scalable Vector Graphics): 선, 폴리곤, 텍스트, 이미지 등의 모든 그래픽 요소에 쉽게 접근할 수 있으므로 데이터 베이스와 연동하여 웹 그래픽 문서를 동적으로 생성할 수 있다. XML 기반의 벡터 이미지 포맷이다.
- TIFF(Tag Image File Format): 앨더스(Aldus)사와 마이크로소프트사가 개발한 이미지 포맷. 사용자가 고쳐서 쓸 수 있는 유연함

이 특징이다. 스캐너 제조사들이 일반적이고 공통적인 파일 형식을 사용하기 위하여 개발되었다.

- RAW: 디지털 카메라나 이미지 스캐너의 이미지 센서로 부터 최소한으로 처리한 데이터를 포함하고 있다. Raw 파일은 영어 낱말의 뜻 그대로 전혀 가공되지 않은 상태이다.
- ICO: MS Windows의 아이콘에 쓰이는 그림 파일 포맷이다.

나) 주요한 오디오 파일 포맷

- WAV(Waveform): 윈도우즈 시스템에서 주로 쓰이는 표준 오디오 파일 컨테이너이다. 보통 비압축 방식의 CD급 품질 오디오 파일을 저장하기 위해 사용된다. 비압축 방식이므로 필연적으로 파일의 크기가 클 수 밖에 없다.
- AIFF(Audio Interchange File Format): 1988년에 애플에 의하여 개발된 파일포맷이으로 Electronic Arts(EA)의 파일포맷을 기반으로 만들어졌다. 애플의 표준 오디오 파일 포맷으로 윈도 운영체제의 WAV라고 보면 된다. 비압축 파일 포맷이기에 사이즈가 크다.
- AU(Simple Audio): 선 마이크로시스템즈, 유닉스, 자바에서 사용되는 표준 오디오 파일 포맷이다. 비압축 파일 포맷이다.
- FLAC(Free Lossless Audio Codec): 오디오 데이터 압축을 위한 파일 형식이다. 무손실 압축 포맷이다. 다시 말해서, MP3, AAC, Vorbis와는 달리 오디오 스트림에 손실이 발생하지 않아 원본 그대로의 음질을 살릴 수 있다.
- ALAC(Apple Lossless Audio Codec): 애플 무손실 (Apple 無損

失) 또는 ALE(Apple Lossless Encoder) 또는 ALAC(Apple Lossless Audio Codec) 은 애플에서 개발한 디지털 음악의 무손실 압축 오디오 코덱이다.

- MP3(MPEG Layer 3): MPEG Layer 3 오디오 파일이다. 오늘날 가장 널리 쓰이는 오디오 파일 포맷이다. 손실압축표맷이라 한 번 압축이 되면 음질을 회복할 수 없다. MPEG는 Moving Picture Experts Group의 약자이다.

다) 주요한 미디어 파일 포맷

- MP4(MPEG LAyer 4): 미디어 컨테이너 포맷 표준이며, 고화질의 동영상을 높은 압축률로 저장하고 재생하도록 하는 파일 포맷이다.
- AVI(Audio Video Interleave): 마이크로소프트사 동영상 파일 포맷이다. 여러 가지 동영상 코덱(DivX, XviD. AVI 등)을 담을 수 있는 컨테이너 포맷이다. MPEG나 MOV와 같은 역할을 한다.
- MOV: Apple 사에서 개발된 동영상 파일 포맷이다. AVI와 같이 여러 가지 동영상 압축 코덱을 담을 수 있는 컨테이너 포맷이다. 주로 애플의 퀵타임(QuicktIme) 비디오를 저장할 때 사용한다.
- WMV(Windows Media Video): 마이크로소프트사에서 개발된 동영상 파일 포맷이다. 고압축 인터넷 환경에 적합하게 설계 되었다.
- FLV(Flash Video): 플래쉬 플레이어에서 재생이 가능하며, 유튜브 등과 같이 인터넷 스트리밍 서비스를 하는 업체에서 많이 이용하는 파일 포맷이다.

- SWF(Small Web Format): 어도비 시스템즈사의 플래시 소프트웨어가 만들어 내는 벡터 파일 포맷이다. 파일 사이즈가 작아 small web format이라는 이름으로 불리지만, 원래는 Shock Wave Flash라는 말에서 유래했다.
- MPEG(Moving Picture Experts Group): 인터넷에서 동영상 배포를 할 때 많이 쓰이는 파일 포맷이다. MPEG-1이나 MPEG-2 압축 방식을 이용한다. 'MPG'라는 확장파일을 가지기도 한다.

라) 주요한 웹 및 기타 파일 포맷

- HTML(Hyper Text Markup Language): 홈페이지 레이아웃 정의를 위한 텍스트 파일이다. 확장자로 쓸 때는 'HTM'으로 쓰기도 한다.
- CSS(Cascading Style Sheets): 마크업 언어가 실제 표시되는 방법을 기술하는 언어이다. HTML 등의 마크업 언어에서 지정하기 힘든 스타일을 정의해 준다. HTML과 XHTML, XML에서도 사용이 가능하다.
- ASP(Active Server Pages): 마이크로소프트의 웹 서버에서 사용하는 파일로 인터넷 정보 서비스(IIS)와 함께 내놓은 서버사이드 스크립트이다.
- ZIP: PKWARE, Inc.라는 회사의 PKZIP이라는 유틸리티에서 시작이 되었다. 데이터를 압축, 보관하기 위한 파일형식이다. 하나 혹은 여러 개의 파일들을 그 크기를 줄여 압축하고 하나로 묶어 저장할 수 있다. 마이크로소프트 등이 채택을 하면서 널리 사용되고 있는 압축 파일 포맷 중의 하나이다.

- RAR(Roshal ARchive): 데이터 압축 및 파일 압축을 위한 파일 포맷이다. 러시아의 엔지니어 유진 로셜(Eugene Roshal)이 개발하여 RAR라는 이름을 가지게 되었다.
- DWG(Drawing): 오토캐드를 만드는 Autodesk사가 제정한 고유한 형식이다. 2차원과 3차원 도면 정보를 저장하는 데 사용되는 파일 형식이다.
- TTF(TrueType Font): 트루타입은 외곽선 글꼴 표준으로, 1980년대 후반에 애플 컴퓨터와 마이크로소프트가 어도비의 포스트스크립트에 대항하기 위해 개발한 것이다.
- TXT(Text): 일반(순수한) 문자열이 들어가는 파일이다.
- PDF(Portable Document Format): 어도비 사의 아크로뱃(Acrobat) 프로그램의 문서 작성용 파일형식이다.

2. 웹의 그림 파일 포맷

웹에서는 세 가지의 그림 파일 포맷을 꼭 알아둬야 한다. 그것은 'JPEG', 'GIF', 'PNG'이다. 이 세 가지 파일 포맷은 각각 특징을 가지고 있고 장단점이 있다. 웹을 개발하는 사람은 이 중에서 어떤 파일 포맷을 어떤 상황에서 사용해야하는지 판단할 수 있어야 하며 디자이너는 적절하게 이미지를 만들고 웹에 적용할 수 있어야 한다.

가) JPEG

JPEG는 가장 널리 쓰이는 웹 그래픽 파일 포맷이다. 'Joint Photographic Experts Group'의 약어이다. 대부분의 디지털카메라나 스마트폰의 카메라가 이 형식을 지원하여 사진을 찍는다. JPEG/JFIF는 웹 상에서 사진 등의 화상을 보관하고 전송하는 데 가장 널리 사용되는 파일 형식이다. 하지만 이 압축 방법은 문자, 선, 세밀한 격자 등이 많은 이미지의 변환에서는 GIF나 PNG에 비해 불리하며, 나쁜 품질을 보이는 경우가 많다. JPEG은 RGB모드에서 사용하며 풀 컬러(Million Colors, True Colors, Full Colors)를 지원한다. 다음 스크린 샷을 보자.

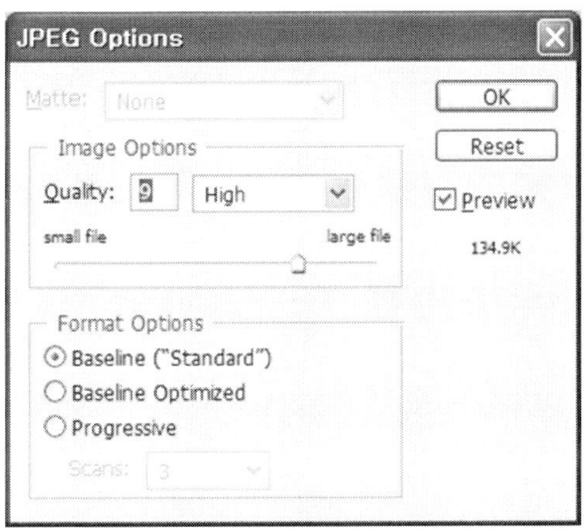

그림 21. 포토샵의 JPG 저장 창

위의 그림은 JPEG로 저장할 때 포토샵 대화창이다. 위와 같이 JPEG은 압축단계로 파일 사이즈를 조절할 수 있고 어도비사의 포토샵의 경우 12단계의 조절을 한다. 'Quality'의 숫자가 작아질수록 파일 사이즈는 줄고 이미지 손실이 커진다. JPEG은 한번 이미지가 손실되면 복원할 수 없는 이미지 손실 방식의 이미지 압축방식이다. 따라서 원본은 따로 저장해 놓고 "다른 이름으로 저장하기(save as)"

를 사용하여 저장하는 것이 바람직하다. 다음 그림은 JPEG의 압축비를 보여준다.[58)]

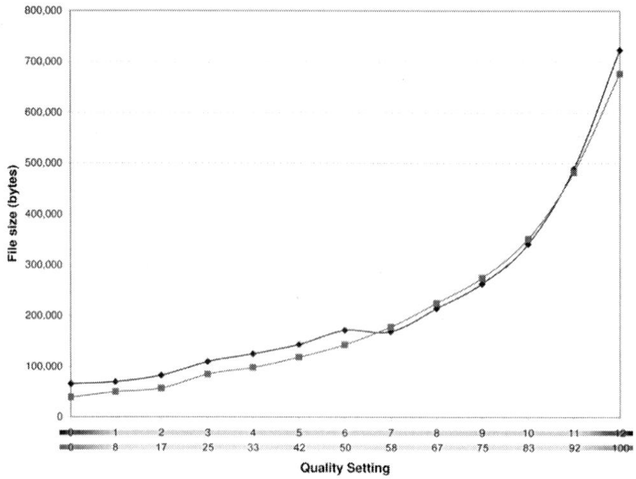

그림 22. JPEG의 압축비

위의 도표에서 보는 것과 같이 포토샵에서 12단계 고품질로 저장하였을 때는 약 700,000바이트의 사이즈를 보이는 것이 9단계에서는 약 270000바이트로 1/3수준으로 파일 사이즈가 작아진다. 대체적으로 12로 하였을 때는 파일 사이즈가 너무 커지고 6 이하로 내렸을 경우는 사진 품질이 많이 저하된다. 사진에 따라 다르지만 대개 8~10 단계 정도로 저장하면 품질이 적당하면서도 너무 크지 않은 웹 이미지를 만들 수 있다.

JPEG의 압축 정도에 따라서 얼마나 많은 이미지의 손실이 가져오

---

58) http://upload.wikimedia.org/wikipedia/en/c/ce/Quality_comparison_jpg_vs_saveforweb.jpg

는 지 그리고 파일 사이즈의 변화는 얼마나 되는지 실제 예를 들어 보도록 하자. 다음 그림은 하나의 그림파일을 JPEG 압축을 할 때 세 가지 압축 단계로 나누어서 저장한 결과이다.

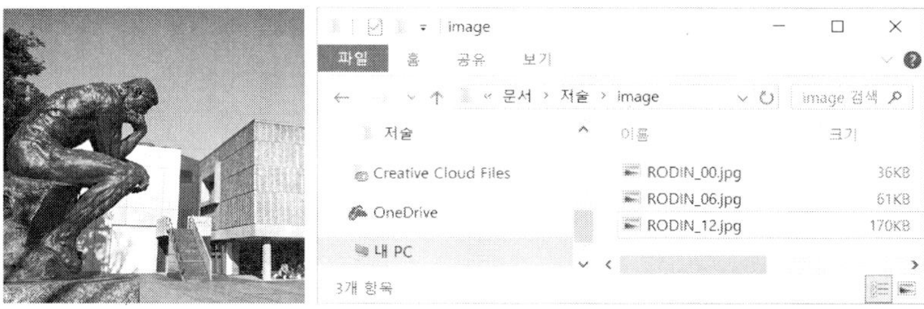

그림 23. 원본(좌), 압축을 세 단계로 한 파일(우)

원본을 압축단계 '12'로 저장했을 때와 '6'으로 저장하였을 때 '0'으로 저장하였을 때 파일 차이가 많이 나는 것을 볼 수 있다. 12로 압축하였을 때는 디스크 공간을 170KB 차지하고, 6으로 압축하였을 때는 61KB, 0으로 저장하였을 때는 36KB를 차지한다. 그렇다고 꼭 디스크 공간을 작게 차지하는 것이 좋은 것이 아니다. 손실 방식 압축 파일이기 때문에 사이즈가 작아질수록 그림의 화질이 나빠진다. 다음 그림을 보자.

그림 24. 12압축(좌), 6압축(중), 0압축(우)

그림을 400%로 확대하여 본 사진으로, 왼쪽은 12로 압축하였을 때, 가운데는 6으로 하였을 때, 오른쪽은 0으로 최대한 압축하였을 때의 화질이다. 동상이나 건물의 경계면과 하늘을 보았을 때 6으로 압축하였을 때와 0으로 압축하였을 때 지저분한 네모 형태의 블록이 생기는 것을 볼 수 있을 것이다. 이것이 JPEG의 손실 압축의 특징으로 이것은 다시 회복할 수 없다. 따라서 JPEG로 저장할 때에는 원본을 항상 보관해 놓고 "Save as"로 저장해 놓는 습관이 필요하다.

나) GIF

GIF는 Graphics Interchange Format의 약어로 컴퓨서브(Compuserve) 사에서 만들었기 때문에 예전에 Compuserve GIF라 부르기도 하였다. GIF의 경우 Normal GIF, Interlaced GIF, Animated GIF 세 가지의 Gif가 있다.

(1) Normal GIF

Normal GIF의 경우 이미지를 한 번에 불러오는 방식이다. 요즈음은 대개 이러한 방식을 사용한다. 포토샵에서 GIF를 저장할 때 아래 그림처럼'Normal'을 선택하여 저장하면 된다.

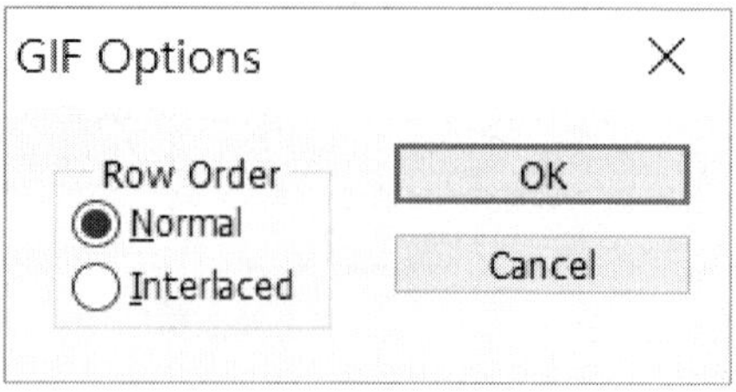

그림 25. GIF 저장 옵션

(2) Interlaced GIF

Interlaced GIF는 세 번에 걸쳐서 이미지를 불러오는 방식이다. 위의 그림에서 'Interlaced'를 선택하면 된다. 초창기 인터넷이 느릴 때, 그리고 데이터의 양에 따라 과금을 할 때에 이미지를 로딩하는 시간이 많이 걸렸다. 또 이미지가 크면 요금이 비싸지기도 했다. 따라서 이미지를 세 번에 걸쳐 불러와서, 모자이크 방식으로 첫 번째와 두 번째 이미지를 최대한 빨리 보여주고 세 번째에 와서야 원래의 이미지를 보여주었다. 지금은 인터넷의 속도가 빨라서 이렇게 할 필요는 없지만 특수한 시스템의 경우에는 필요하다. 다음 그림은 Interaced GIF의 작동방식을 보여준다.[59] 처음에 최대한 큰 블록 모자이크로 이미지가 어떤 것인지 미리 보여주고 중간 크기의 모자이크를 보여주고 마지막에 원본 GIF를 보여주는 방식이다.

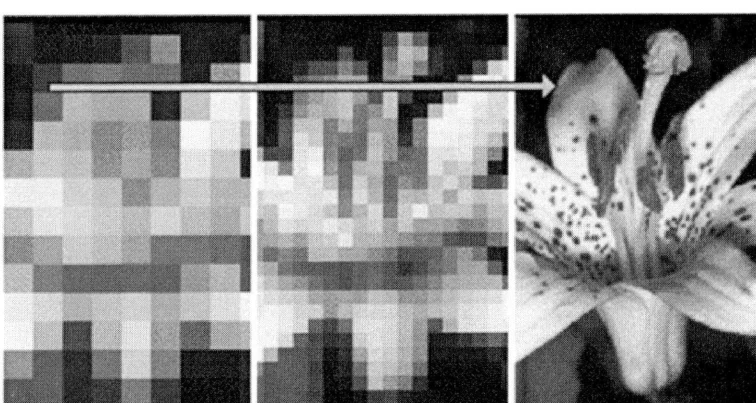

그림 26. Interaced GIF의 작동방식

59) http://vesta.astro.amu.edu.pl/Library/WWW/Tutorial1/graphics/gif_files.html

(3) Animatied GIF

Animatied GIF는 GIF이미지를 여러 개 겹쳐 애니메이션 효과를 낸다. 프레임을 여러 가지 이용하여 애니메이셔의 효과를 나타내며, 각 프레임의 속도를 조절할 수도 있고 반복(looping)을 몇 번 할 것인지를 지정할 수도 있다.

GIF는 최대 256 가지의 색상을 쓸 수 있다. 이미지의 크기가 작을수록, 그리고 색상 수(팔레트의 색상 수)가 적을수록 이미지의 파일 사이즈가 작아진다. 색상에 한계가 있기 때문에 대개 아이콘, 버튼, 로고, 간단한 애니메이션 등에 많이 사용된다. 256 색상 이하만 사용할 수 있기 때문에 사진의 경우는 JPEG을 쓰는 것이 좋다. 다음 그림은 GIF의 256개 팔레트를 보여준다.

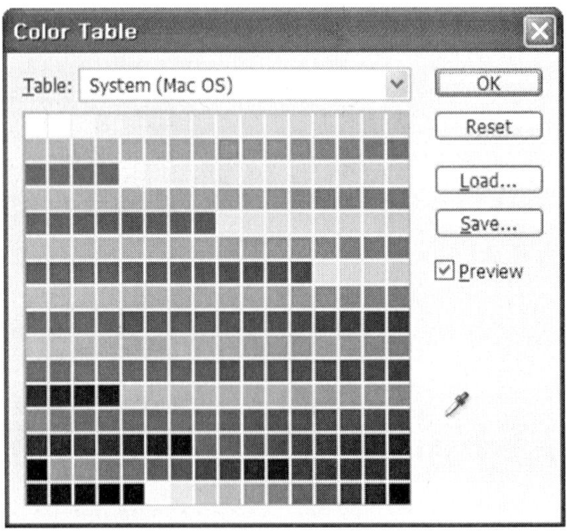

그림 27. GIF의 256개 팔레트

GIF의 가장 유용한 특징 중의 하나가 투명(Transparent)을 만들 수 있는 것이다. 256개 팔레트 중의 하나를 투명으로 만들 수 있다. 다음 그림을 보자.

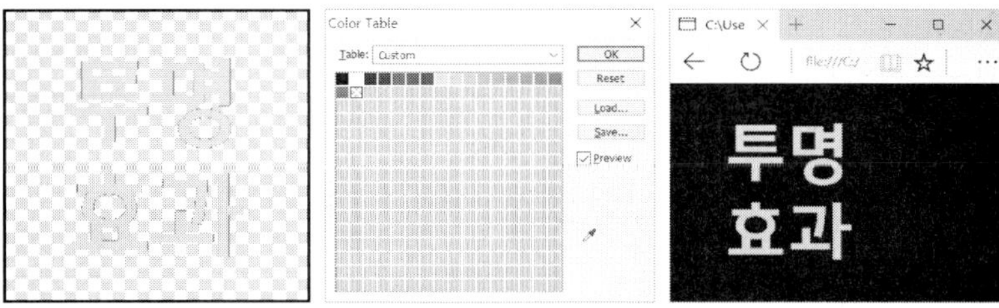

그림 28. 투명이미지 제작(좌), 팔레트(중), 웹에 삽입(우)

위의 왼쪽 그림은 "투명효과"라는 연두색 글씨를 쓴 뒤에 배경을 없앤 것이다. 가운데의 팔레트를 보면 마지막 한 칸(18번째 칸)의 팔레트가 투명으로 되었음을 확인할 수 있다. 이것을 검정색 배경이 웹 페이지에 삽입을 하면 오른쪽 그림과 같이 검정색이 배경이로 보이게 된다. 또 팔레트로 재미있는 효과를 줄 수 있는데 팔레트의 색상을 변화시키면 글자의 색상이 변한다. 다음 그림을 보자.

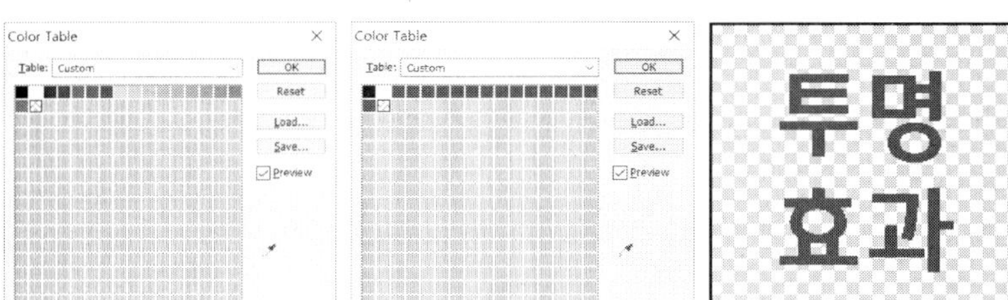

그림 29. 팔레트의 색상 변화로 그림의 색상 바꾸기

원래 위의 왼쪽그림처럼 연두색으로 이루어진 팔레트에서 흰색과 검정색, 투명팔레트를 제외하고 모두 진한 빨간색으로 팔레트를 바꿨다. 팔레트의 색을 바꾸려면 포토샵의 "Image > Mode > Color Table"에서 팔레트를 연 뒤에 바꾸고 싶은 셀을 하나 선택하여 색상을 바꾸거나 여러 가지 셀을 한꺼번에 선택한 뒤에 컬러 피커에서 색상을 바꾸면 된다.

GIF는 팔레트의 숫자를 줄이는 것만으로도 파일 사이즈를 줄일 수 있다. 다음 그림을 보자.

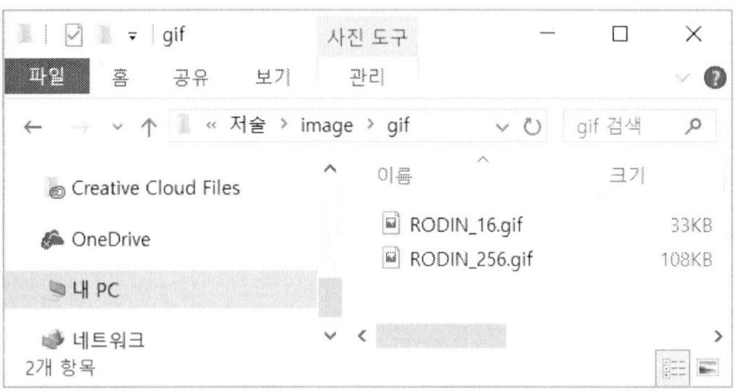

그림 30. GIF 파일 사이즈 비교

위에는 두 가지의 GIF를 저장해 놓은 폴더이다. "RODIN_256.gif"는 256가지 색상의 팔레트를 사용하였고 "RODIN_16.gif"는 16가지의 팔레트만을 사용하였다. 256가지 색상의 팔레트를 사용하였을 때에는 108KB의 디스크 공간을 차지하고 16가지 색상의 팔레트를 사용하였을 때는 같은 이미지 사이즈의 사진이더라도 33KB 밖에 차이가 나지 않는다. 하지만 항상 색상 수를 줄이는 것이 옳은 것은 아니다 다음 그림을 보자.

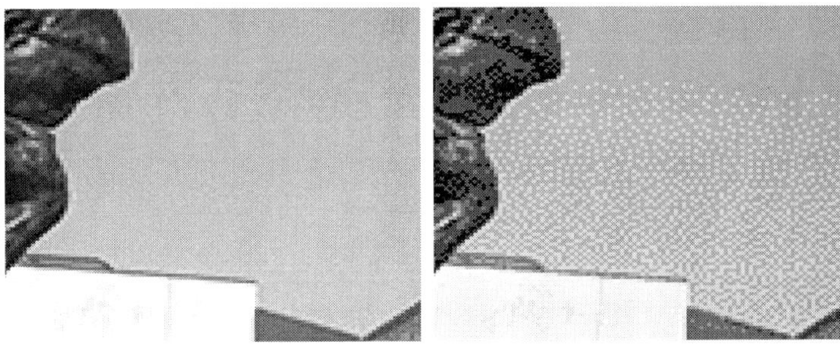

그림 31. 256가지 팔레트의 GIF(좌)와 16가지 팔레트의 GIF(우)

위 왼쪽 그림은 256색상만을 가지고 표현한 것이다. 원래 사진은 1600만 가지 색상 이상을 사용한 그림이었지 때문에 깔끔하였지만 256개만 사용하다 보니 색상에 층이 생기는 것이 보일 것이다. 오른쪽 그림은 16색상만을 사용하여 표현한 것이다. 256개의 색상의 1/16 만을 사용하였기 때문에 더 제한적이다. 이렇게 제한된 색상을 이용하여 그림을 표현할 때 그래픽 소프트웨어에서는 디더링(Dithering)이라는 것을 실시한다.

디더링(Dithering)은 제한된 색을 이용하여 음영이나 색을 나타내는 것이며, 여러 컬러의 색을 최대한 맞추는 과정이다. 그래픽 디자이너의 색채공간 속에서 하나의 세기가 아닌 다른 픽셀 세기로 구성되기 때문에 낟알이 많은 것처럼 다소 거칠게 보일 수 있다.[60] 다음 그림을 보자.

60) https://ko.wikipedia.org/wiki/디더링

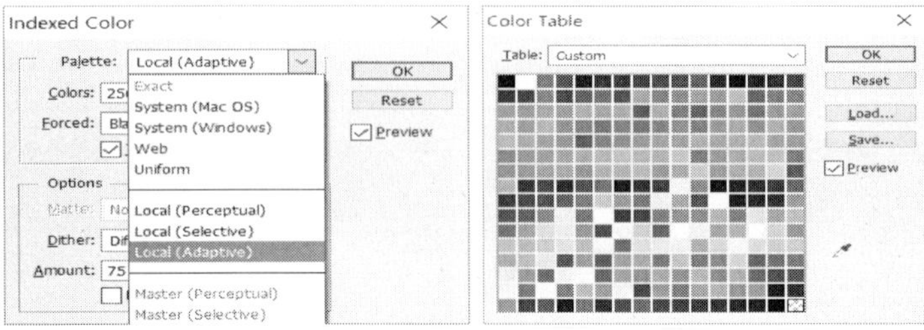

그림 32. 256색 변환 방법 및 256색 팔레트

위의 왼쪽 그림은 트루컬러로 제작된 JPEG파일을 GIF로 변환하기 위하여 'Image > Mode > Indexed Color'를 선택하였을 때 나타난 대화창이다. 원본 이미지가 256개 이상의 색상을 가지고 있을 때에는 'Local(Adaptive)'라는 옵션이 선택된다. 이것은 소프트웨어적으로 이 이미지에 적절한 256 색상의 팔레트를 구성하겠다는 것이다. 오른쪽 그림은 이러한 방식으로 생성된 256 색상의 팔레트이다. 동상과 건물, 하늘색이 반영이 되어 블루와 세피아 계열 그리고 회색조 계열을 많이 볼 수 있다. 만약 원본 이미지가 256개 색상 이하일 경우에는 'Exact'라는 것이 활성화된다.[61]

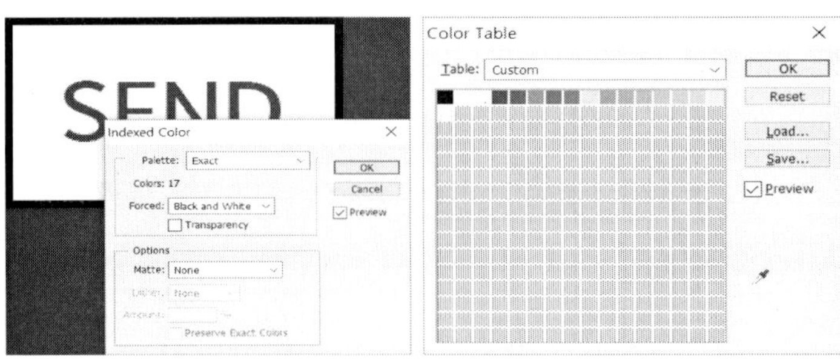

그림 33. 256색 이하의 Indexed Color 변환(좌), 17색 팔레트(우)

61) http://cdn.osxdaily.com/wp-content/uploads/2013/07/dancing-banana.gif

왼쪽 'SEND'가 들어가 있는 도큐멘트의 경우 총 17개의 색상만이 들어가 있기 때문에 Indexed Color로 변환하더라도 이미지의 변화가 없기 때문에 Indexed Color를 선택하였을 때 기본 팔레트가 'Exact'로 활성화되었다. 만약 원본 그림에 투명한 부분이 없어 투명 팔레트가 필요 없다면 'Transparency'라고 쓰여진 선택 박스를 해제하면 팔레트 하나를 절약할 수 있다. 왼쪽 그림은 Transparency 선택 박스를 해제했고 만약 이 박스를 선택하게 되면 17개에서 하나 늘어난 18개의 팔레트가 구성된다. 이 그림은 원본 그림을 그대로 유지하고 있기 때문에 디더링도 필요가 없다.

오른쪽 그림은 17색으로 구성된 'Exact'팔레트를 보여준다. 원본 그림이 녹색과 검정색으로 단순하게 만들어져 이 팔레트도 녹색과 검정색 외에 다른 색상은 볼 수 없다.

다음은 Animated GIF를 만드는 방법이다. GIF 애니메이션을 만드는 유틸리티나 소프트웨어는 여러 가지가 있다. 여기에서는 어도비 포토샵에서 제공하는 기능으로 애니메이션을 만들기로 한다. 여기서 사용된 소프트웨어는 Adobe Photoshop CS6 버전이지만 이전이나 이후 버전에서도 애니메이션을 만드는 데에는 큰 차이가 없다.

배경에 검정색 테두리를 두른 박스를 만들고 그 위에 'SEND'라는 글자를 넣어 간단한 애니메이션을 만들려고 한다. 'SEND'의 글자가 하나씩 나타나도록 하기 위하여 레이어를 네 개를 만든 뒤에 제일 위에는 'S', 그 다음에는 'SE', 그 다음에는 'SEN', 마지막으로 'SEND'를 넣었다. 글자가 하나씩 완성되면서 'SEND' 버튼을 완성시키려고 하는 것이다.

그림 34. GIF 애니메이션 만들기 1

다음 포토샵 상단의 'Window' 메뉴에서 'Timeline'을 선택한다. 타임라인 창을 열면 'Create Video Timeline'과 'Create Frame Animation ' 중에 하나를 선택하게 된다. 여기에서는 Frame Animation 으로 GIF 애니메이션을 만들 것이기 때문에 'Create Frame Animation'을 선택한다. 다음 그림을 보자.

그림 35. GIF 애니메이션 만들기 2

'Create Frame Animation'을 선택하면 위와 같이 타임라인이 선택이 되면서 하나의 프레임이 형성된다. 첫 번째 프레임의 아래에 '0 sec.'라고 설정이 되어있는데 이것은 네트워크의 속도가 허용하는 한 빠르게 애니메이션을 움직이게 하라는 것이다. 다음 그림을 보자.

그림 36. GIF 애니메이션 만들기 3

위 그림은 프레임을 세 개 더 생성한 화면이다. 오른쪽 아래 휴지통 옆의 버튼을 누르면 애니메이션을 위한 프레임이 생성된다. 이 버튼을 눌러 총 네 개의 프레임을 생성하였다. 다음 그림은 시간을 설정한 화면이다.

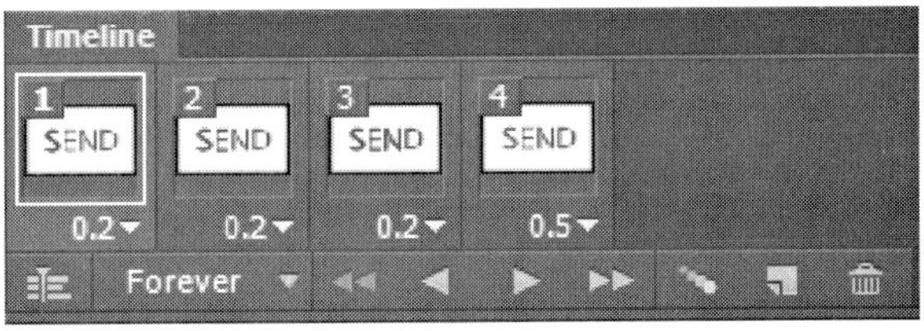

그림 37 애니메이션 만들기 4

위 그림에서 처음 세 프레임은 0.2초로 빠르게 돌게 세팅했고 마지막에 애니메이션이 완성되면 잠깐 멈춰있도록 0.5초로 시간을 좀 길게 주었다. 왼쪽 아래에는 'Once'라는 글자가 표기되어 있다. 한 번만 애니메이션이 돌아가고 멈추게 된다. 이 외에도 '3 Times', 'Forever', 'Other'라는 옵션이 있다. 'Other'를 선택하면 몇 번 애니메이션을 돌릴 것인지 입력할 수 있다. 여기서는 계속 돌아가도록 'Forever'를 선택하였다. 다음 화면을 보자.

그림 38. 애니메이션 만들기 5

1번 프레임을 선택하고 오른쪽 레이어에서 백그라운드 레이어와 'S'라고 쓴 레이어만 선택을 하여 'S'자만 보이게 한다. 2번 프레임을 선택하고는 오른쪽 레이어에서 백그라운드 레이어와 'SE'라고 쓴 레이어만 선택을 하여 'SE'자만 보이게 한다. 3번 프레임을 선택하고는 오른쪽 레이어에서 백그라운드 레이어와 'SEN'이라고 쓴 레이어만 선택을 하여 'SEN'자만 보이게 한다. 4번 프레임을 선택하고는 오른쪽 레이어에서 백그라운드 레이어와 'SEND'라고 쓴 레이어를 선택을 하여 모든 글자가 보이게 한다. 아래에서 'Forever'라고 쓰여 있는 옆에 애니메이션을 콘트롤할 수 있는 판넬이 있다. '▶' 버튼을 선택하면 미리보기를 할 수 있다.

다음 화면은 'File > Save for Web'을 선택한 화면이다. 상단에 "GIF"로 설정이 되어 있는지 확인을 하고 팔레트 등을 확인한다. 애니메이션이 되는 것을 창에서 확인할 수 있다.

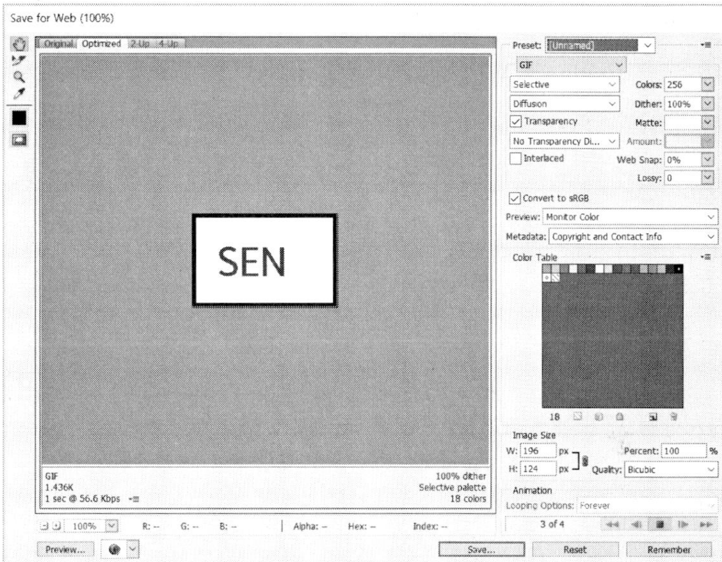

그림 39. 애니메이션 저장하기

위 그림에서 오른쪽을 보면 팔레트는 Transparency를 포함해서 총 18개의 색을 쓰고 있는 것을 확인할 수 있다. 마찬가지로 Transparency가 필요 없으면 체크박스를 해제하면 17개의 색상만 사용한 GIF 애니메이션이 생성된다. 마지막으로 아래에 'SAVE' 버튼을 눌러서 저장할 위치를 저장하고 파일 이름을 정해서 저장하면 된다.

다) PNG

PNG는 Portable Network Graphics의 약자이며 무손실 데이터 압축을 지원하는 래스터 그래픽 파일 형식이다. Compuserve의 특허 문제가 얽힌 GIF 포맷의 문제를 해결하고 개선·향상하기 위해서 고안된 무손실 이미지 압축 형식 파일 포맷이다. PNG는 공식적으로는 "핑"(/pɪŋ/)이라고 읽지만, 우리나라에서는 대개 "피엔지"라고 영어 철자 그대로 읽는다.

PNG 포맷은 컬러 팔레트 화상과 그레이스케일 화상, 그리고 풀 컬러 화상 방식 그리고 알파채널(24 비트 RGB 또는 32 비트 RGBA 색상 팔레트)까지도 모두 지원한다. 다음 알파채널을 가진 PNG 파일 그림을 보자.[62]

그림 40. 32 비트 RGBA 색상 팔레트

하지만 전문적인 품질의 인쇄 그래픽 용이 아닌 인터넷 상의 이미지 표시를 염두에 두고 개발되었기 때문에 CMYK는 지원하지 않는다. 즉 웹에 최적화된 이미지 파일 포맷인 것이고 JPG나 GIF와는 다른 우월한 특징을 가지고 있다. PNG는 1996년 10월에 Internet Engineering Steering Group에서 이 용도로 승인되었으며 2004년

62) https://ko.wikipedia.org/wiki/PNG

ISO / IEC 표준으로 발표되었다.[63)]

(1) PNG와 GIF의 비교

PNG는 알파채널을 지원하여 투명 표시를 할 수 있다 이것은 JPEG는 하지 못하는 것이지만 GIF에서는 투명 컬러를 지원한다. 하지만 이는 GIF와는 차원이 다른 투명처리 방식이다. 대부분의 경우 PNG는 GIF보다 압축률이 더 높다. 그리고 가장 중요한 차이는 GIF의 단색 투명층과 달리 PNG는 8비트 알파 채널을 이용한 투명층을 지원한다. 또한 256색을 지원하는 GIF와 달리 PNG는 트루 컬러를 지원한다. 다음 그림을 보자.[64)]

그림 41. PNG 투명처리(좌), GIF 투명처리(우)

왼쪽은 PNG의 8비트 알파 채널을 이용한 것으로 트위터 로고의 그림자와 배경이 부드럽게 이어지는 것을 볼 수 있다. 오른쪽은 GIF 이미지로 투명 색이 하나밖에 없기 때문에 투명이거나 투명이지 않거나 두 가지 경우밖에 있을 수가 없다. 부드럽게 투명처리가 되지 않고 경계가 거친 것을 볼 수 있다.

---

63) https://en.wikipedia.org/wiki/Portable_Network_Graphics

64) https://goo.gl/oHafxo

PNG의 단점으로는 GIF에서는 제공되는 애니메이션을 PNG는 지원하는 않는다. 대안으로 PNG에 기반한 APNG, JNG, MNG와 같은 파일 형식이 제안되었지만 널리 사용되고 있지는 않다.

(2) PNG와 JPG의 비교

사진과 같은 이미지에 대해서는, JPEG가 사진에 특화된 손실 압축 알고리즘을 사용하므로 PNG에 비해 더 작은 파일을 만들 수 있다. 하지만 JPEG 압축은 블록 압축의 영향으로, 바라지 않던 잡티가 낄 수 있다. 문자나 날카로운 경계가 있는 그림은, JPEG에서 생기기 쉬운 뭉개짐 없이 JPEG보다 압축을 더 잘 할 수 있는 PNG를 쓰는 것이 더 낫다.

PNG는 비손실 압축이므로, 나중에 고화질의 재편집을 해야 한다면 PNG로 저장해 놓는 것이 낫다. JPEG는 손실이 누적될 수 있다.[65] 다음 그림은 JPG와 PNG를 비교한 것이다.

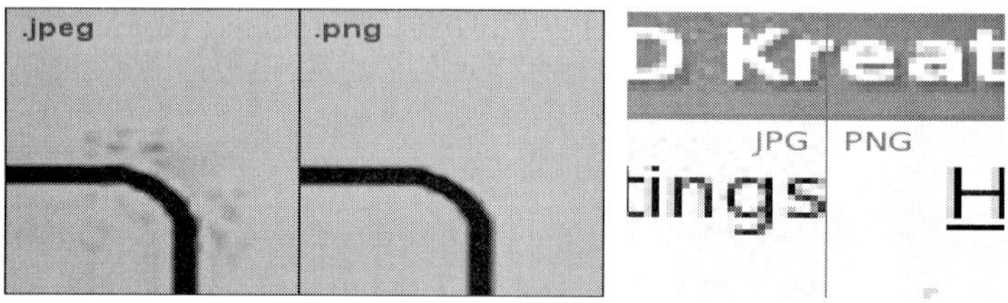

그림 42. JPEG와 PBG의 비교

왼쪽 그림 같이 선으로 된 그림을 보자. JPEG 주변에는 뭔가 노이즈(noise)가 낀 것처럼 보일 것이다. 반면 PNG의 그림은 비교적 깨

65) https://ko.wikipedia.org/wiki/PNG

끗하다. 오른쪽 그림도 글자 JPEG의 경우 글자 주변에 무언가 낀 것 처럼 보이는데 비해 PNG 파일의 글자 주변에는 큰 영향이 없는 것을 볼 수 있다.[66)]

(3) PNG 만들고 저장하기

PNG의 가장 강력한 기능 중의 하나가 부드러운 알파채널을 가진 이미지를 웹에서 쓸 수 있다는 것이다. 알파채널이 있는 RGB 이미지를 만들고 PNG로 저장하는 것을 해보자. 일단 어도비 포토샵에서 도큐멘트를 생성한다. 생성하기 이전에 해야할 것이 웹 디자인을 위한 포토샵 세팅을 하는 것이다. 다음 그림을 보자.

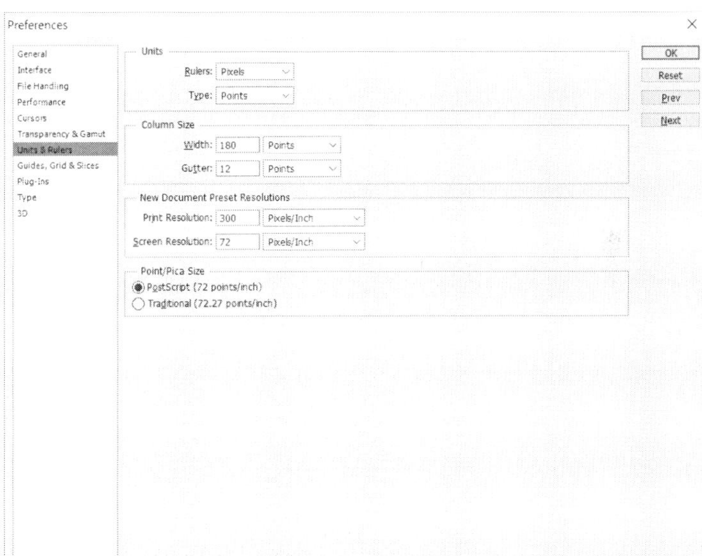

그림 43. Units & Rulers 세팅하기

66) https://goo.gl/X6qgyb

어도비 포토샵의 상단 메뉴에서 'Edit > Preference > Units & Rulers'를 선택하면 위와 같은 세팅이 나온다. 여기에서 'Rulers'는 'Pixels'로 설정한다. 웹 디자인은 Pixel을 다루는 것이기 때문에 이렇게 해 놓는 것이 중요하다. 'Type'은 글자를 다룰 때의 단위이다. 'Point'로 설정하는 것이 바람직하다. New Document Preset Resolution에서 'Print Resolution'은 '300 Pixels/Inch'로 해 놓고 'Screen Resolution'은 '72 Pixels/Inch'로 해 놓는다. 그 뒤에 새로운 도큐멘트를 생성한다. 'File > New'를 선택하거나 단축키 'Ctrl+N'을 사용하면 다음과 같은 대화창이 생성된다.

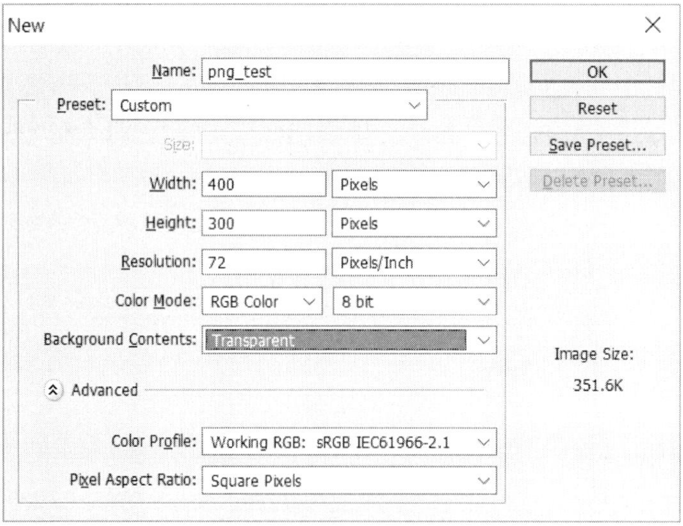

그림 44. 도큐멘트 생성

파일 이름은 'png_test'로 하였고 도큐멘트는 400 x 300 pixel로 설정하였다. 위에서 Preference에서 Units를 Pixel로 해 놓았기 때문에 기본적인 단위가 Pixel이 된다. Color Mode는 'RGB'로 하였다. Background Contents 설정이 중요한데 여기에서는 'Transparent'로 설정하여야 한다. 그럼 다음과 같이 투명 배경을 가진 도큐멘트가 생성된다.

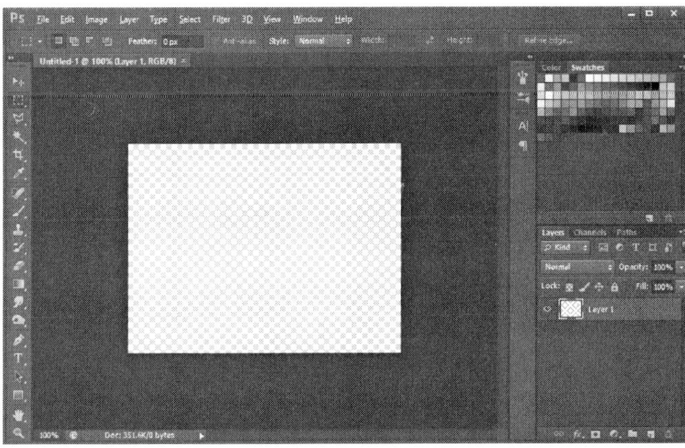

그림 45. 도큐멘트 설정하기

도큐멘트에 그라데이션을 넣고 글자를 넣으려고 한다. 그라데이션은 검정에서 투명색으로 넣으려 하고 글자는 'png_test'라고 진한 녹색을 사용하려고 한다. 다음 그림을 보자.

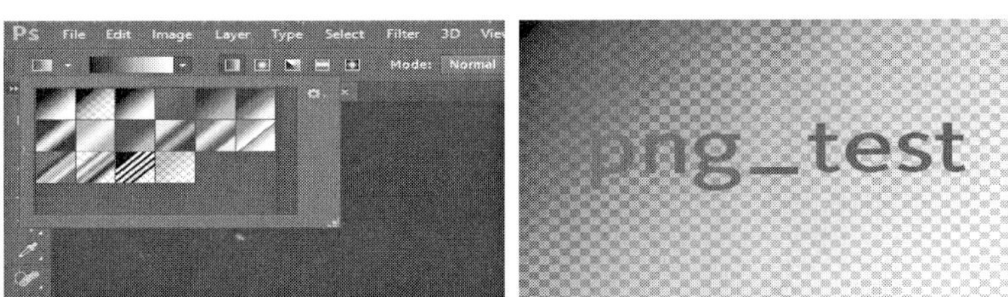

그림 46. 그라데이션 세팅(좌), 제작한 이미지(우)

위의 왼쪽 그림을 보자. Foreground Color를 검정색으로 선택하고 그라데이션을 선택할 때 상단 왼쪽 두 번째 그라데이션을 선택하면 검정색에서 투명색으로 그라데이션을 넣을 수 있다. 오른쪽 그림은 그라데이션을 넣고 텍스트를 입력한 것이다. 'File > Save As'를 선택하고 저장 옵션으로 PNG를 선택하면 다음과 같은 대화창이 뜬다.

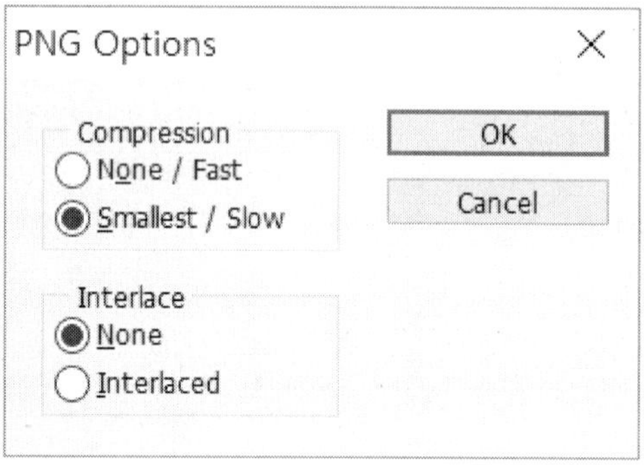

그림 47. PNG 저장 대화창

Compression에서 'Smallest / Slow'를 선택하면 파일 사이즈는 작게 만들고 저장하는 데에 시간이 좀 걸린다는 이야기이다. 웹에 게시하는 것을 목적으로 한다면 꼭 'Smallest / Slow'로 저장하도록 한다. Interlace는 'None'으로 선택하면 된다. Compression에서 'None / Fast'를 하면 압축을 하지 않기에 파일 사이즈는 커지지만 저장은 빠르게 할 수 있다는 이야기이다. 'Smallest / Slow'와 'None / Fast'의 파일 사이즈는 꽤 차이가 나니 섬세하게 선택해 주어야 한다. GIF와 마찬가지로 'Interlaced' PNG를 사용하면 이미지를 여러 번에 걸쳐서 불러오고 'None'을 선택하면 한번에 불러온다. 인터넷 속도가 괜찮은 환경이면 'None'을 선택해도 무방하다. 다음 그림은 이 PNG 파일을 분홍색의 배경을 가진 웹 페이지에 넣어 본 것이다. PNG 알파채널의 투명 효과를 제대로 볼 수 있다.

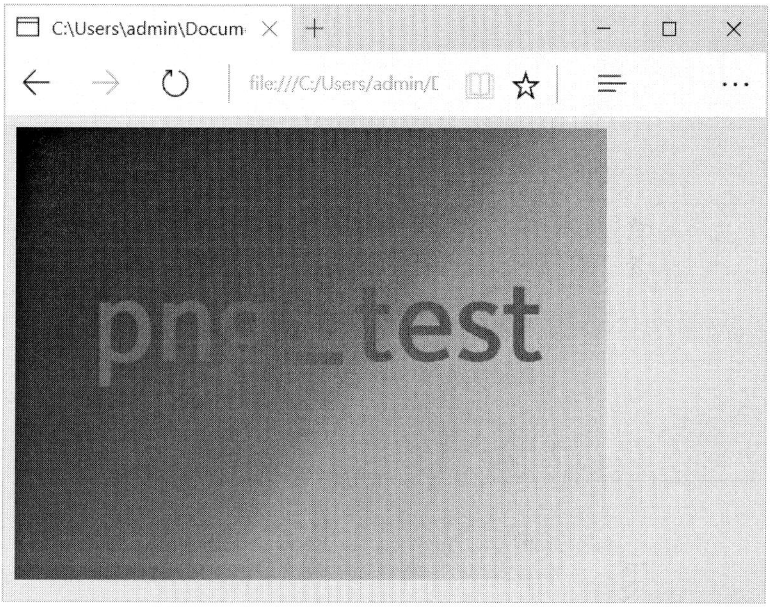

그림 48. PNG를 웹에 넣기

제3장 색상, 이미지 기출문제

(1) 다음 중 색채에 대한 설명으로 맞는 것은?

① 색채는 심리적 성질을 갖지 못한다.

② 물체가 발광하지 않고 빛을 받아서 흡수되는 색이다.

③ 색채의 분류는 무채색, 유채색, 중성색 3가지가 있다.

④ 색채는 심리적인 성질을 가진다.

(2) 다음 중 색의 3속성으로 옳은 것은?

① 유채색, 무채색, 중성색

② Red, Green, Blue

③ Cyan, Magenta, Yellow

④ 색상, 명도, 채도

(3) 색광의 혼합에서 색을 혼합할수록 높아지는 색의 속성은?

① 명도

② 채도

③ 색상

④ 점도

(4) RGB컬러에서 R=0, G=0, B=0로 설정할 때 모니터에 나타나는 색상은?

① White

② Black

③ Blue

④ Yellow

(5) 색광에서 Red, Blue가 혼합될 때 그 결과 색은?

① Cyan

② Yellow

③ Magenta

④ White

(6) 큰 이미지 또는 사진과 같이 컬러 수가 많은 웹 이미지에 적합한 파일 포맷은?

① EPS

② PSD

③ JPEG

④ BMP

(7) 16만 7천 컬러 이상의 색상과 256단계의 알파 채널을 사용하기 위해서는 최소 몇 bit가 필요한가?

① 8비트

② 16비트

③ 24비트

④ 32비트

(8) 다음 중 Photoshop 파일로 옳은 것은?

① default.asp

② index.html

③ main.psd

④ script.js

(9) 인터넷에서 사용되는 대부분의 사운드 파일은 주로 압축된 형태의 것들이다. 다음 중 인터넷에서 사용되는 사운드 파일 형식의 확장자가 아닌 것은?

① RA

② AIFF

③ AU

④ BMP

(10) 애니메이션에서 한 장의 영상을 의미하는 것은?

① 픽셀(Pixel)

② 씬(Scene)

③ 프레임(Frame)

④ 테이크(Take)

(11) 웹상에 사용되는 파일 포맷 중 GIF와 JPG의 장점을 합친 형태로 GIF와는 달리 투명도 자체를 조절할 수 있는 특징을 가진 것은?

① AI

② PDF

③ PNG

④ PSD

(12) 동영상 파일 포맷으로 틀린 것은?

① *.mp3

② *.asf

③ *.avi

④ *.rm

(13) 사용할 수 있는 색상의 수가 제한될 경우에 주로 활용하며, 적은 수의 색상으로 눈의 착시현상을 이용하여 여러 색을 사용한 것처럼 효과를 얻을 수 있는 방법은?

① Modeling

② Rotating

③ Dithering

④ Resolution

(14) 다음 중 컴퓨터 그래픽스의 기본적인 컬러 시스템이 아닌 것은?

① RGB

② CMY

③ CRT

④ HSB

(15) 다음 중 감산 혼합의 3원색으로 옳지 않은 것은?

① MAGENTA

② YELLOW

③ BLUE

④ CYAN

(16) 사람의 눈의 제일 앞에 위치하며 빛을 투과시키는 구조이기 때문에 투명하다. 빛을 굴절시키는 역할을 하고 민감하기에 이물질을 바로 인식하고 반응하는 것은 무엇인가?

① 각막

② 간상체

③ 수정체

④ 동공

(17) 웹 브라우저를 통하여 볼 수 있는 이미지 포맷이 아닌 것은?

① jpg

② gif

③ png

④ psd

(18) 다음 중 동영상 관련 포맷 방식이 아닌 것은?

① wav

② asf

③ avi

④ mp4

(19) 다음 중 GIF 포맷의 특징이 아닌 것은?

① 최대 256가지의 색상을 표현할 수 있다.

② 빠른 전송 속도 때문에 웹용 이미지로 사용된다.

③ 투명한 이미지와 애니메이션 표현이 가능하다.

④ 24bit 풀컬러(트루컬러)를 사용한다.

(20) Indexed Color Mode의 특징으로 옳은 것은?

① 최고 256 컬러를 사용하여 이미지를 표현한다.

② 색상이 없이 256가지의 명암만으로 이미지를 표현한다.

③ 광원으로 이미지의 색상을 표현하며 최고 1,670만 색상으로 이미지를 표현한다.

④ 인쇄를 하기 위한 이미지를 표현할 때 가장 적합하다.

제3부 코딩 실습편

제1장 HTML이란 무엇인가?

1. HTML의 기본

가) HTML의 정의

HTML은 웹 페이지를 만드는 표준 마크업 언어(Markup Language)이다. 마크업 언어란 텍스트 처리, 정의 및 표현을 위해 설계되었다. 마크업 언어는 텍스트 파일 내에서 레이아웃과 스타일을 모두 규정하는 코드를 지정한다. 형식을 지정하는 데 사용되는 코드를 태그(Tag)라고 한다. HTML은 널리 사용되는 마크업 언어의 하나이다. 이미 언급하였듯이 HTML은 W3C(World Wide Web Consortium)에서 표준을 만든다.

① HTML은 하이퍼 텍스트 마크업 랭귀지(Hyper Text Markup Language)의 앞 글자를 따서 이름이 붙여졌다.
② 태그(tag)를 이용하여 웹 페이지의 구조를 설명한다.
③ HTML 개별 요소들은 HTML 페이지를 구성하고 HTML 요소는 개별 태그로 표시된다.
④ HTML 태그는 "heading", "paragraph", "table"등과 같은 내용을 설명한다.

⑤ 웹 브라우저는 HTML 태그를 표시하지 않지만 페이지를 표시할 때 그 태그를 참고하여 출력한다.

나) HTML의 구조

HTML은 매우 간단한 구조를 가진다. 다음은 간단한 HTML 문서이다.

```
<!DOCTYPE html>
<html>
<head>
<title>My first web page</title>
</head>
<body>
It is my first web page.
</body>
</html>
```

HTML 태그는 '< >' 안에 위치한다. 여기에는 총 다섯 개의 태그가 사용이 되었다. <!DOCTYPE html>이라는 태그는 이 문서가 HTML5로 작성되었음을 알려주고, <html> </html>이라는 태그는 이 문서가 HTML 문서임을 알려준다.

<head> </head> 태그는 도큐멘트의 메타 정보(메타 데이터)를 담고 있다. 메타 정보란 말은 '정보에 관한 정보'이다. 다시 말하면 데이터에 관한 구조화된 데이터로, 다른 데이터를 설명해 주는 데이터이다. 예를 들어 책이라는 것 자체가 데이터 이지만 도서관에 가면 책에 관한 서지정보를 정리해 놓아 책을 쉽게 찾을 수 있게 해 준다.

이러한 것을 메타 데이터라고 한다.

<title> </title> 태그는 도큐멘트의 타이틀을 나타낸다. 이 안에 들어가는 내용은 브라우저의 상단탭에 나타나는 페이지의 제목이 되기도 하고 북마크를 할 때 기본 제목이 되기도 한다. <body> </body> 태그 사이에는 브라우저 상에 보이는 데이터를 담는다.

위에서 보는 바와 같이 HTML의 태그는 대개 쌍으로 쓰인다.

```
<title>My first web page</title>
```

위에서 <title> 태그는 오프닝 태그(opening tag) 뒤의 </title> 태그는 클로징 태그(closing tag)라고 부른다. 클로징 태그는 스타트 태그와 같게 쓰지만 태그 이름 전에 슬래쉬(/)를 넣는다. 오프닝 태그는 스타트 태그(start tag), 시작 태그라고 부르기도 하고 클로징 태그는 엔드 태그(end tag) 혹은 종료 태그라고도 부른다.

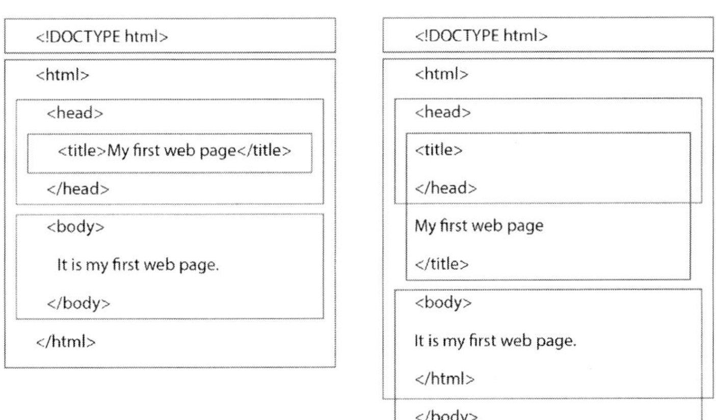

그림 49. HTML의 옳은 구조(왼쪽), HTML의 틀린 구조(오른쪽)

위 그림에서 보듯이 HTML 태그는 다른 태그를 감싸거나 다른 태그와 상관없이 단독으로 존재할 수 있지만 서로 엇갈려서 작성될 수는 없다. 서로 엇갈릴 경우 에러가 발생한다.

다) HTML의 버전

위에서 <!DOCTYPE>이라는 것은 HTML 버전 5임을 나타낸다고 하였다. <!DOCTYPE>을 써 주면 브라우저가 콘텐츠를 버전에 맞게 디스플레이 하는 데에 도움을 준다. 이것은 HTML 문서가 시작할 때 위에 한 번 적어주면 된다. 대부분의 HTML 태그는 대소문자를 구분하지 않는다.

따라서 <!DOCTYPE>, <!doctype> 어떻게 쓰던 상관이 없다. 여기에서는 대문자 입력이 불편하기 때문에 대개 소문자를 이용해 입력하는 것으로 통일한다.

HTML도 버전이 있어서 계속 발전하고 있다. 표 5는 HTML의 버전과 시작된 연도를 정리한 것이다.

표 13. HTML 버전

버전	년도
HTML	1991
HTML 2.0	1995
HTML 3.2	1997
HTML 4.01	1999
XHTML	2000
HTML5	2014

라) HTML의 작성

처음 HTML 코드를 연습하기 위해서는 전문적인 편집기 보다는 PC에 깔려있는 기본적인 텍스트를 편집할 수 있는 프로그램을 사용하는 것이 바람직하다. 전문가가 사용하는 에디터는 자동으로 클로징 태그를 달아준다던가 문법을 검사해주는 기능이 있을 수도 있다. 그리고 위지윅(WYSIWYG, What You See Is What You Get) 웹 빌더는 사용자가 편집한대로 코드를 생성해 주기도 한다. 이러한 위지윅 웹 빌더로는 드림위버, 나모 웹 에디터 등 독립된 소프트웨어가 있고 웹 브라우저상에서 동작하는 것들도 있다. 하지만 이런 것들을 처음 학습할 때부터 사용하는 것을 권장하지는 않는다.

처음 코드를 연습할 때는 윈도우즈 사용자의 경우 보조프로그램에 있는 메모장(Notepad)을 사용하고 매킨토시 사용자의 경우 텍스트에디트(TextEdit)를 사용하여 태그를 익히고 버그를 수정하는 연습을 하도록 한다.

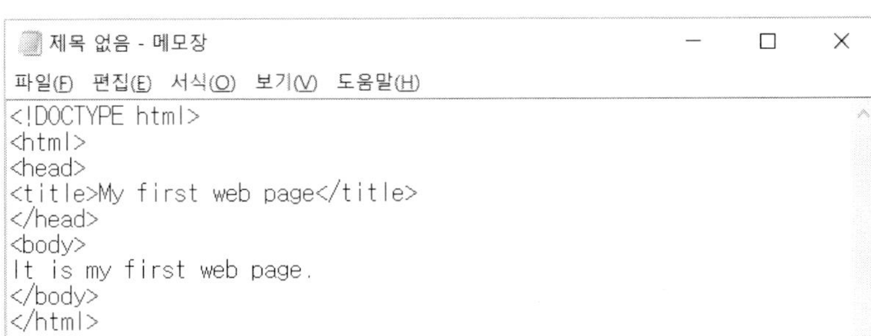

그림 50. 메모장을 사용한 코드의 입력

위의 그림과 같이 메모장에 HTML을 작성한 뒤에 다음 그림과 같이 파일 형식을 '모든 파일 (*.*)'로 지정하고 이름을 정한 뒤에 확장자를 *.html 혹은 *.htm으로 지정한다.

인코딩은 UTF-8로 한다. UTF-8은 유니코드를 위한 인코딩 방법 중의 하나로 모든 유니코드 문자를 표현할 수 있다. 유니코드(Unicode)는 전 세계의 모든 문자를 컴퓨터에서 일관되게 표현하고 다룰 수 있도록 설계된 산업 표준이며, 유니코드 협회(Unicode Consortium)가 제정한다.67) 다음 그림을 참고하여 메모장에서 HTML 파일을 저장한다.

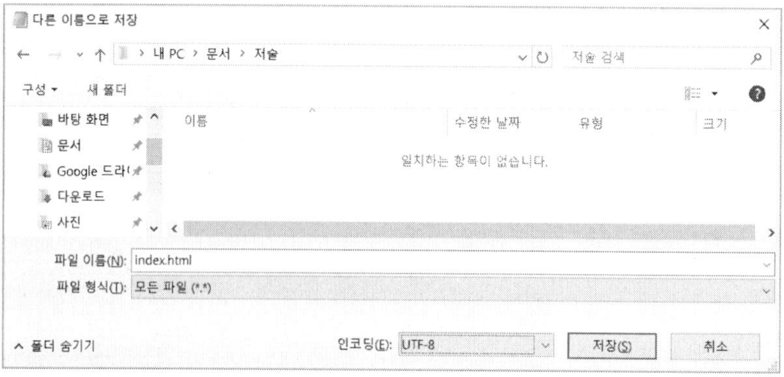

그림 51. HTML의 저장

저장된 파일을 더블 클릭하면 시스템에서 디폴트(default, 기본)로 지정된 웹 브라우저에서 열린다. 위에 작성한 파일에서 웹 브라우저 안에 표시되는 것은 '<body>'와 '</body>' 태그 안에 있는 'It is my first web page.' 만이 표시된다. 상단 탭에는 '<title>'과 '</title>' 태

67) https://ko.wikipedia.org/wiki/UTF-8, https://ko.wikipedia.org/wiki/유니코드

그 안에 있는 'My first web page'가 브라우저의 탭에 제목으로 표시되어 있다. HTML 문서는 <html>로 시작되고 </html>로 끝난다.

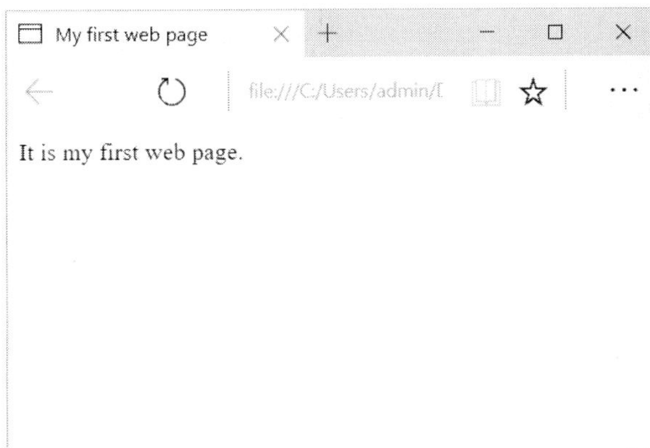

그림 52. 웹 브라우저에서 HTML 파일 열기

윈도우즈에서는 '파일 탐색기 옵션'에서 '알려진 파일 형식의 파일 확장명 숨기기'가 디폴트로 지정되어 있다. 이럴 경우 폴더에서 자신이 가지고 있는 파일의 확장자가 표시가 되지 않기 때문에 확장자를 정확히 쓰지 않을 경우에 코딩 시에 버그가 날 가능성이 있다. 예를 들어 같은 '*.html' 파일이라도 '*.html'로 표시될 수 있고 '*.htm'으로 표시될 수도 있다. 두 경우 모두 정상적으로 작동된다. 마찬가지로 '*.jpeg' 파일의 경우도 '*.jpeg' 파일과 '*.jpg' 파일이 모두 정상적으로 작동한다. 따라서 다음 그림과 같이 코딩을 할 때에는 '알려진 파일 형식의 파일 확장명 숨기기' 기능은 꺼 놓고 작업하면 폴더에서 모든 확장자가 보이기 때문에 작업이 용이하다.

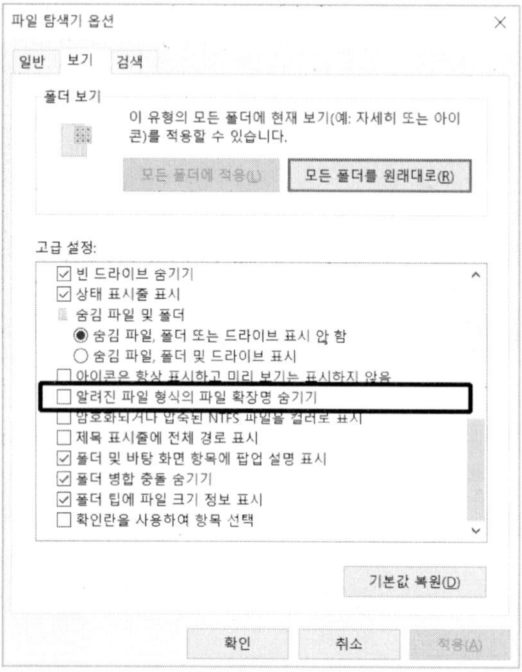

그림 53. 폴더 옵션 설정

마) 어트리뷰트(attribute)

태그 중에는 어트리뷰트(attribute)라는 것을 달 수 있는 것들이 있다. 사전에 의하면 attribute라는 것은 명사로 쓰일 때 '특질, 특성, 속성'이라는 뜻을 가진다. 각각의 태그에다가 세부 속성을 넣어주는 것이다. 다음 예시를 보자.

<body>태그 안에 어트리뷰트를 넣어보았다. <body bgcolor = "lightgray">라고 썼는데 여기에서의 어트리뷰트는 'bgcolor'이다. 이 어트리뷰트는 웹 페이지의 배경색을 나타내는 어트리뷰트이다. 웹 페이지 배경색의 특성을 정의하는 것이다.

```
<!DOCTYPE html>
<html>
<head>
<title>attribute</title>
</head>
<body bgcolor="lightgray">
It is my first web page.
</body>
</html>
```

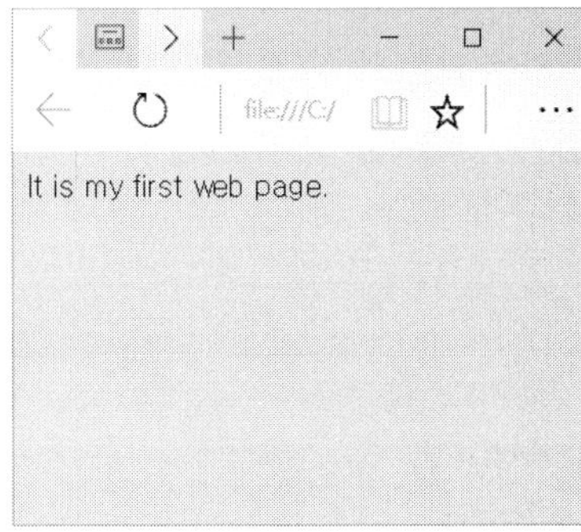

배경색을 "lightgray"라고 표시하였고 이에 따라 보통 특성을 지정하지 않을 때 디폴트로 하얀색으로 나타났던 배경색이 'lightgray', 즉 '옅은 회색'으로 변화하였다. 색상을 다루는 방법은 추후 다시 다루기로 한다.

2. HTML로 문자 다루기

가) 띄어쓰기와 줄바꾸기

HTML에서 문자를 입력할 때 주의할 점이 몇 가지 있다. 문자 사이에 아무리 많은 스페이스 바를 입력해도 띄어쓰기는 한 번 밖에 되지 않는다. 또 엔터키(리턴키)를 넣어도 문장 줄 바꿈이 되지 않는다. 다음 그림에서 왼쪽 html의 결과와 오른쪽 html의 결과는 같다. 'It is my'라고 쓰던 'It is my'라고 쓰던 웹 브라우저는 같은 것으로 인식하는 것이다.

```
<!DOCTYPE html>
<html>
<head>
<title>My first web page</title>
</head>
<body>
It is my first web page.

</body>
</html>
```

```
<!DOCTYPE html>
<html>
<head>
<title>My first web page</title>
</head>
<body>
It is     my
  first     web page.
</body>
</html>
```

따라서 한 번 이상의 띄어쓰기를 할 때에는 ' '라는 것을 사용하여야 한다. 이러한 것을 HTML 엔티티(entity)라고 부르며 HTML에서 특수하게 규정된 문자를 나타내는 표현 방식이다.

여러 개의 공백을 입력하고 싶을 때는

1) '   '

2) '   '를 입력하면 된다.

1)의 경우 총 네 번의 띄어쓰기가 일어나고 2)의 경우 총 일곱 번의 띄어쓰기가 일어난다.

줄을 바꿀 때는
태그를 사용한다.
태그는 'break'의 앞 글자 두 개를 가져온 것으로 글줄을 끊는 역할을 한다. '<br>' 혹은 '<br/>'로 사용한다.
 태그는 연달아서 한 번 이상 사용할 수 있다. 다음의 예시를 보면
의 역할을 이해할 수 있다.

```
<!DOCTYPE html>
<html>
<head>
<title>My first web page</title>
</head>
<body>
It is<br>my first<br><br>web page.
</body>
</html>
```

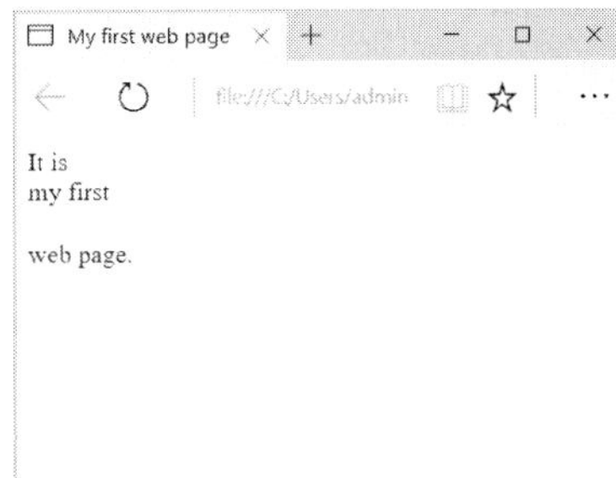

참고로 다음과 같은 HTML 엔티티가 있다.[68]

표 14. HTML Entities

입력	출력	한국어 이름	영어 이름
		줄바꿈방지공백	non-breaking space
<	〈	보다 작음	less than
>	〉	보다 큼	greater than
&	&	앰퍼샌드	ampersand
©	©	저작권	copyright
®	®	등록상표 기호	registered sign
™	™	상표 기호	trademark
€	€	유로 기호	euro sign
°	°	도	degree
←	←	왼쪽 화살표	leftwards arrow
↑	↑	위쪽 화살표	upwards arrow
→	→	오른쪽 화살표	rightwards arrow
↓	↓	아래쪽 화살표	downwards arrow

68) http://zetawiki.com/wiki/HTML_엔티티

입력	출력	한국어 이름	영어 이름
♠	♠	스페이드	black spade suit
♣	♣	클럽	black club suit
♥	♥	하트	black heart suit
♦	♦	다이아몬드	black diamond suit

나) heading과 paragraph

HTML에서 Heading 태그는 헤드라인, 머릿말이라고 할 수 있다. 헤딩은 총 여섯 단계가 있는데 ‘<h1>’부터 ‘<h6>’까지 있다. <h1>이 가장 크고 중요한 머리말이고 <h6>로 갈수록 작아진다. 헤딩은 매우 중요하다. 서치 엔진은 웹 페이지의 구조를 파악하기 위하여 헤딩을 이용하여 페이지의 목차를 저장 한다. 또한 웹페이지를 서핑하는 사용자들은 헤딩을 보고 타이틀을 파악하고 세부 내용을 볼 것이다. 헤딩이 끝나는 지점에서 항상 엔딩 태그를 닫아준다. 다음 코드와 그림을 통하여 <h1>부터 <h6>까지의 크기 변화를 볼 수 있다.

```
<!DOCTYPE html>
<html><body>
<h1>This is heading 1</h1>
<h2>This is heading 2</h2>
<h3>This is heading 3</h3>
<h4>This is heading 4</h4>
<h5>This is heading 5</h5>
<h6>This is heading 6</h6>
</body>
</html>
```

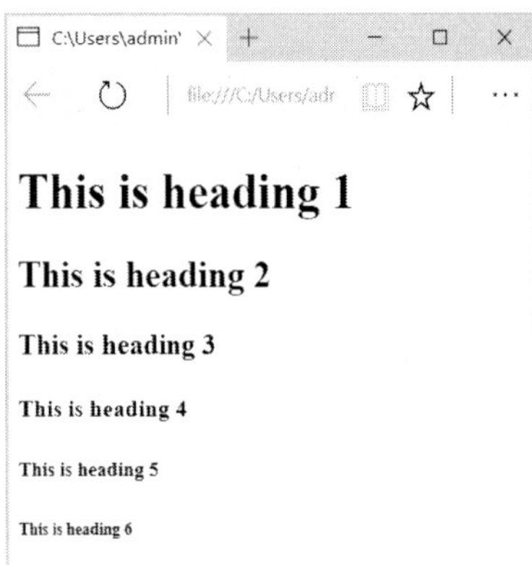

문단(paragraph)을 형성하는 것은 <p> 태그이다. 다음 예시를 통하여 <p>태그와
태그가 어떻게 역할을 달리하는지 보자.

```
<!DOCTYPE html>
<html>
<body>
<p>This is first paragraph.<br>
This is second paragraph.</p>
<p>This is third paragraph.</p>
</body>
</html>
```

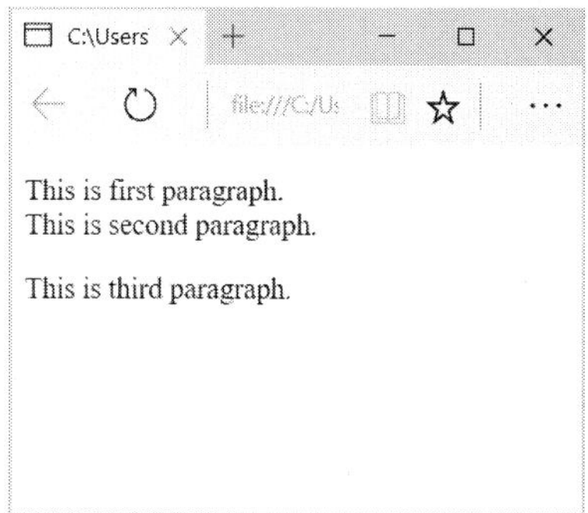

첫 문장과 두 번째 문장은
로 줄은 바꾸었지만 같은 문단이다. 반면 세 번째 문장은 첫 번째와 두 번째 문단과 다른 새로운 문단이 된다. 이 문서에는 총 두 개의 문단이 있고 한 번의 줄바꿈이 있다.

다) pre 태그

텍스트를 HTML 작성자가 쓴 그대로 보여주는 태그가 바로 <pre> 태그이다. 작성자가 임의로 스페이스를 여러 개 넣었거나 줄바꿈을
태그를 사용하지 않고 엔터키 등을 사용하여 했을 때에도 이를 그대로 출력해 주는 태그이다. HTML 문서에 시 등을 쓰는 데에 도움이 된다. 다음 예시에 박희준 시인의 '하늘냄새'라는 시를 <pre>태그를 사용하여 작성하였다.

```
<!DOCTYPE html>
<html><body>
<pre>
하늘냄새
                    -박희준

사람이
하늘처럼
맑아보일 때가 있다.

그 때 나는
그 사람에게서
하늘 냄새를 맡는다.
</pre>
</body></html>
```

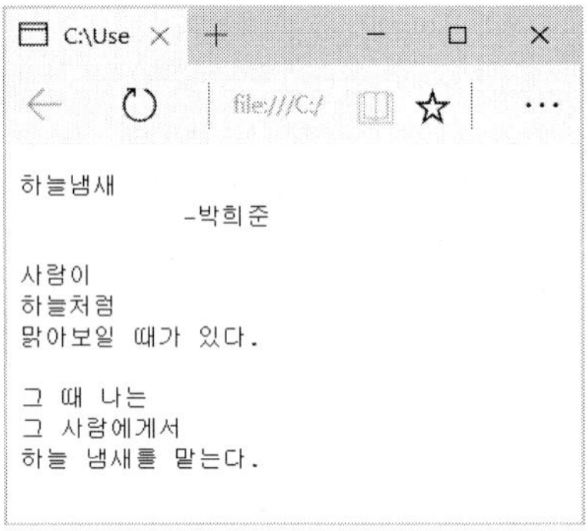

라) 텍스트 형식 바꾸기

텍스트는 기본 텍스트 이외에도 볼드체, 이탤릭체, 윗첨자, 아랫첨자, 언더라인체 등이 있다. 텍스트 형식을 바꾸는 태그를 알아본다.

```
<b>볼드체</b>
<strong>중요한 텍스트</strong>
<i>이탤릭체</i>
<em>텍스트 강조</em>
<mark>형광펜 효과</mark>
<small>작은 텍스트</small>
```

<del>취소선</del>

<ins>밑줄</ins>

_{밑 첨자}

^{윗 첨자}

```
<!DOCTYPE html>
<html><body>
<b>볼드체</b><br>
<strong>중요한 텍스트</strong>
<br>
<i>이탤릭체</i><br>
<em>텍스트 강조</em><br>
<mark>형광펜 효과</mark><br>
<small>작은 텍스트</small><br>
<del>취소선</del><br>
<ins>밑줄</ins><br>
가<sub>밑 첨자</sub><br>
가<sup>윗 첨자</sup>
</body></html>
```

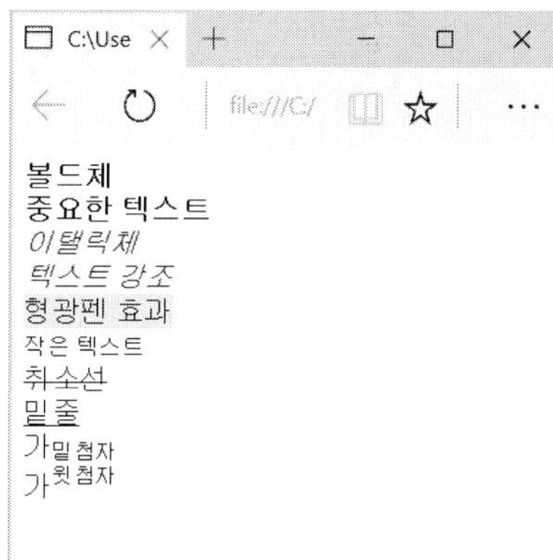

위에서 <bold>와 <strong>의 결과는 시각적으로는 같게 보인다. 하지만 <bold>는 시각적 강조만을 하지만 <strong>의 경우 시각적인 강조에 의미적으로 중요함을 더한다. 이러한 의미론적 중요함은 시각적으로는 동일하지만 서치엔진이나 스크린 리더에서의 역할은 틀려진다. 마찬가지로 <i>와 <em>의 시각적인 결과는 같지만 <i>는 글자를 기울이는 역할만을 하지만 <em>은 의미론적으로 강조를 하는 것이다.

스크린 리더(Screen Reader)는 화면 낭독 프로그램이라고도 하며 시각장애인들에게 화면의 내용과 자신이 입력한 키보드 정보나 마우스 좌표 등을 음성으로 알려주어 컴퓨터를 사용할 수 있도록 도와주는 프로그램이다. 웹 브라우저의 경우 태그를 참고하여 나오는 텍스트를 읽어주기 때문에 읽을 때 <bold>안에 들어간 것과 <strong> 안에 들어간 내용은 다르게 읽는다. 마찬가지로 <i>안에 들어간 내용과 <em>에 들어간 내용은 스크린 리더에게는 다르게 인식된다. 헤딩의 경우 <h1>가 <h6>보다 더 중요하게 인식되는 것과 마찬가지이다. 스크린 리더는 컴퓨터 내부의 동작 정보나 발생하는 이벤트, 그리고 키보드 등의 입출력 내용을 감시하다가 필요한 경우 음성으로 이를 알려주기도 한다. 장애 정도가 경미하여 화면을 파악하거나 키보드 혹은 마우스로의 입력을 어느 정도 할 수는 있으나 그 내용을 쉽사리 확인할 수는 없는 준맹이나 저시력자는 화면 확대 프로그램을 사용한다.[69]

마) 인용하기, 약어쓰기, 주소쓰기, 역순으로 쓰기

글을 가져왔을 때 인용을 한다. 짧은 인용일 때는 간단하게 <q>라는 태그를 사용하고 길거나 중요한 내용일 경우에는 <blockquote> 라는 태그를 쓴다. 두 태그 사용 예를 보자.

```
<!DOCTYPE html>
<html>
<body>
```

69) TTA정보통신용어사전: 화면 낭독 프로그램

```
<p>고흐는 자신의 Sorrow 그림에 프랑스 역사학자 미슐레의 글을 적어
놓았다.</p>
<p>미슐레: <q>어찌하여 이 땅 위에 여인이 홀로 버려진 채 있는가?</
q></p>
<p>보건복지부에 따르면 안전상비의약품이란 다음과 같다.</p>
<blockquote cite="보건복지부, 안전한의약품사용길라잡이">
안전상비의약품이란 의사의 처방전 없이 구입할 수 있는 일반의약품
중 주로 가벼운 증상에 시급하게 사용하며 환자 스스로 판단하여 사용
할 수 있는 것으로서 편의점과 같이 24시간 운영되는 곳에서 판매되는
의약품이다.</blockquote>
</body>
</html>
```

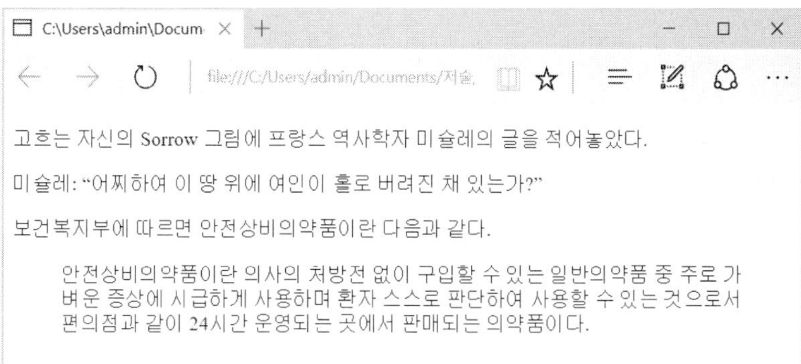

<q>를 사용한 미슐레의 말(어찌하여 이 땅 위에 여인이 홀로 버려진 채 있는가?)에 쌍따옴표가 붙어 인용을 했음을 알려준다. <blockquote>를 사용한 안전상비의약품의 경우 앞에 들여쓰기를 하여 문단 전체가 인용되었음을 보여주고 있다. “<blockquote cite="보건복지부, 안전한의약품사용길라잡이">” 이처럼 blockquote 안에

‘cite’라는 어트리뷰트(attribute)를 사용하여 어디서 문장을 가져왔는지 표시하기도 한다. 여기에는 URL 등이 들어갈 수도 있다.

영어에서는 약어를 많이 쓴다. WHO는 그냥 쓰면 누구를 뜻하는 의문대명사로 읽힐 수 있지만 이것이 약어임을 밝혀주고 그것을 풀어쓰면 서치엔진과 스크린 리더 등에 큰 도움이 된다. 이럴 때 사용하는 것이 <abbr> 태그이다. <abbr> 안에 ‘title’이라는 어트리뷰트(attribute)로 이것이 무엇인지 정보를 준다. WHO가 World Health Organization임을 브라우저와 서치엔진은 알고 있지만 화면상에 보이지는 않는다.

```
<!DOCTYPE html>
<html><body>

<p>The <abbr title="World Health
Organization">WHO</abbr> was
founded in 1948.</p>

</body></html>
```

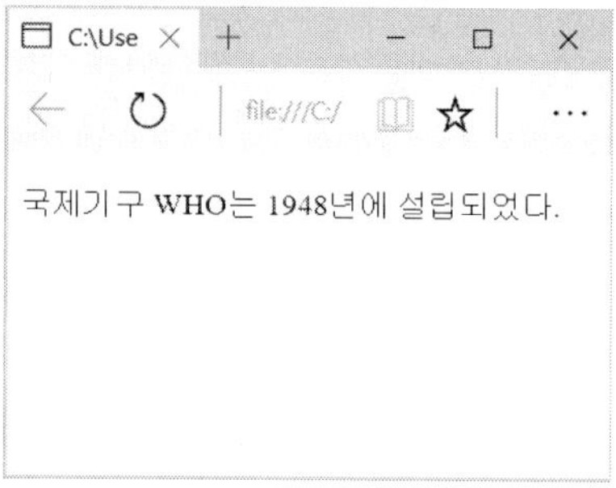

주소나 연락처 등을 쓸 때에는 <address> 태그를 사용해 준다. 서치엔진이나 스크린 리더 등이 이것이 주소나 연락처 임을 인지할 수 있을 것이다. 또한 <address> 태그에 표시된 내용은 대개 브라우저에서 이탤릭체로 표시가 된다.

```
<!DOCTYPE html>
<html><body>

<p>제 주소는 다음과 같습니다.</
p>
<address>
우편번호 50834<br>
경남 김해시 인제로 197<br>
인제대학교 C동 522호</address>

</body></html>
```

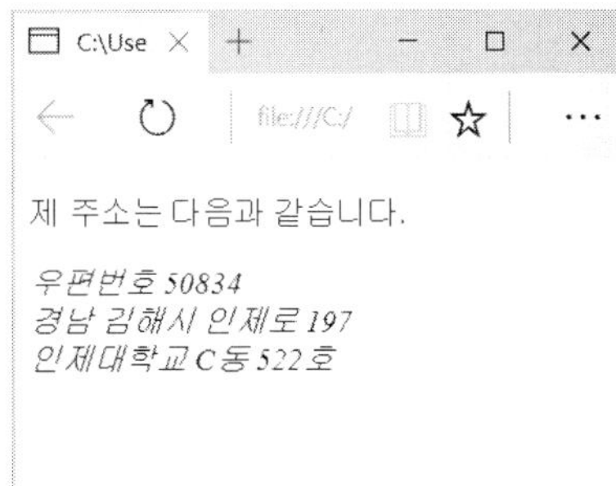

작품의 제목을 쓸 때 <cite> 태그를 쓴다. 그것이 작품의 제목임을 알려주며 브라우저에서 대개 이탤릭체로 표시된다.

```
<!DOCTYPE html>
<html>
<body>

<p><cite>모나리자</cite>는 16세
기 르네상스 시대에 레오나르도
다 빈치가 그린 초상화이다.</p>

</body>
</html>
```

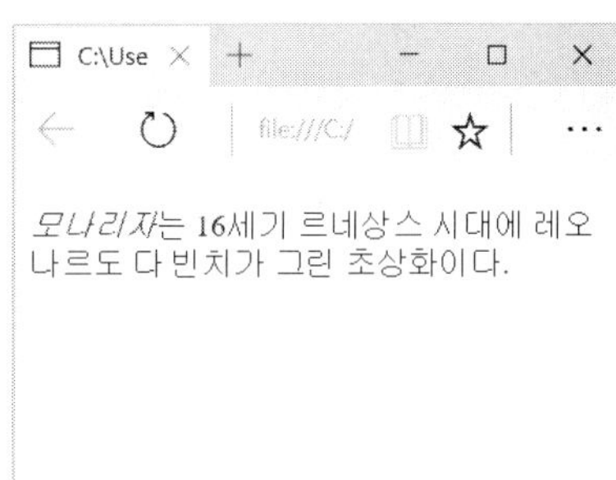

<bdo>라는 태그도 있다. 역방향 재배열(bi-directional override)의 의미를 가진다. 이 태그는 문장을 거꾸로 써준다. 영문과 한글 모두

작동하고 예를 들어 'Mobile'이라는 글자를 쓰면 'eliboM'이라고 거꾸로 쓰고 '모바일'이라고 쓰면 '일바모'라고 작성한다.

```
<!DOCTYPE html>
<html>
<body>

<bdo dir="rtl">Mobile</bdo><br>
<bdo dir="rtl">모바일</bdo>

</body>
</html>
```

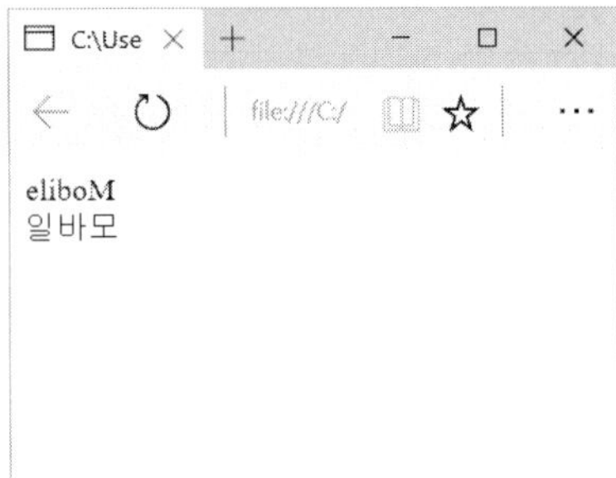

3. HTML로 색상 다루기

가) 컬러 이름

HTML에서 색상을 다루는 방법은 여러 가지가 있다. 가장 간단한 방법이 영문 색상이름을 사용하는 것이다. 대부분의 브라우저는 기본적인 색상 148가지의 영문 이름을 인식한다. 부록에 이 색상을 정리해 놓았다. 이 색상은 계속 업데이트 되기 때문에 정확히 148색이라고 할 수는 없다. 다음 예시는 무지개 색상을 영문 색상 이름을 가지고 표현한 것이다.

```
<!DOCTYPE html>
<html><body>
<p style="background-color:red">red<p>
<p style="background-color:orange">orange<p>
<p style="background-color:yellow">yellow<p>
<p style="background-color:lime">lime<p>
<p style="background-color:cyan">cyan<p>
<p style="background-color:blue">blue<p>
<p style="background-color:purple">violet<p>
</body></html>
```

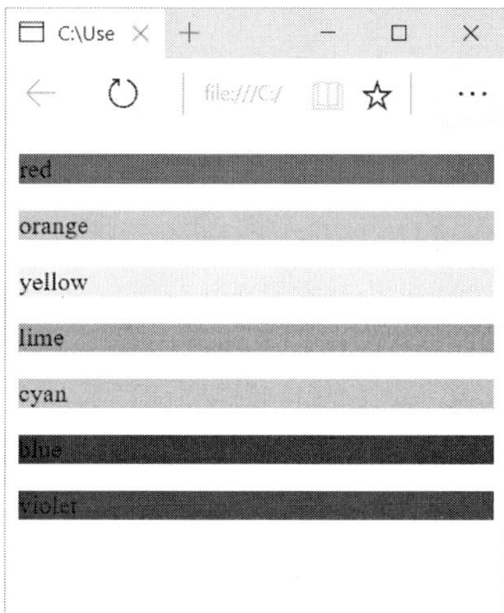

문단을 나누는 <p> 태그 안에 스타일을 지정한다. 스타일 어트리뷰트(attribute)인 ‘style="background-color:red"’를 사용하여 첫 번째 줄은 문단의 백그라운드를 red로 지정하였고 나머지도 무지개 색상 순서로 지정하였다. 스타일은 후에 다시 학습하도록 한다.

나) RGB와 CMYK

이렇게 색상 이름을 넣는 방식이 가장 간단한 방식이다. 이외에 여러 가지 방식으로 색상을 지정할 수 있다. HTML에서는 RGB 방식으로 색상을 표현한다. RGB 색상체계는 빛의 혼합으로 색을 더하면 더할수록 밝아지기 때문에 가산혼합이라고 부르기도 한다. 이는 Red, Green, Blue의 세 가지 광원(채널)을 사용하는 것인데 각 채널이 256개의 색상을 가지고 있으면 모든 단계의 색상을 표현할 수 있다.

예를 들어서 다음 그림과 같이 흰색부터 검정색까지 256 단계의 그라데이션 단계가 있으면 사람의 눈은 한 단계와 그 다음 단계의 색상 차이를 알아차리기 힘들다.[70]

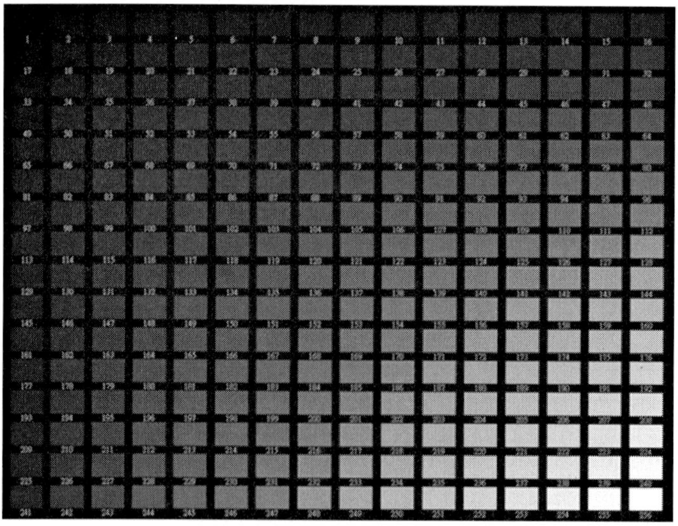

그림 54. 256 단계 그레이 스케일

---

70) http://wronso.com/blog/74/how-to-select-a-good-lcd.html#.VqQrPyqLTWI

만약 RGB에 각각 256개의 색상을 배정한다면 총 '256 × 256 × 256'개의 색상을 표현할 수 있게 된다. 이는 곧 16,777,216개의 색상을 표현할 수 있는 것이다. 연구마다 다르지만 사람이 최대로 구분할 수 있는 색상을 최대 10,000,000개로 산정할 수 있다. 16,777,216개의 색상은 곧 사람들이 구분할 수 있는 색상을 훨씬 뛰어 넘는 것이다. 따라서 이 색상을 밀리언 컬러(million color), 트루 컬러(true color) 등으로 부른다.

다) 256 RGB로 색상 표현하기

Red, Green, Blue의 세 개의 채널에 각각 256개의 색상을 배정한다면 모든 색상을 표현할 수 있다. 이전의 예시에서는 Red, Yellow, Orange처럼 글자의 고유 영문이름을 이용하여 색상을 나타냈지만 여기에서는 HTML에 256 RGB 숫자를 넣어 색상을 표현하기로 한다. 다음 예시를 보자.

```
<!DOCTYPE html>
<html><body>
<p style="background-color:rgb(255,0,0)">rgb(255,0,0)</p>
<p style="background-color:rgb(0,255,0)">rgb(0,255,0)</p>
<p style="background-color:rgb(0,0,255)">rgb(0,0,255)</p>
<p style="background-color:rgb(0,255,255)">rgb(0,255,255)</p>
<p style="background-color:rgb(255,0,255)">rgb(255,0,255)</p>
<p style="background-color:rgb(255,255,0)">rgb(255,255,0)</p>
</body></html>
```

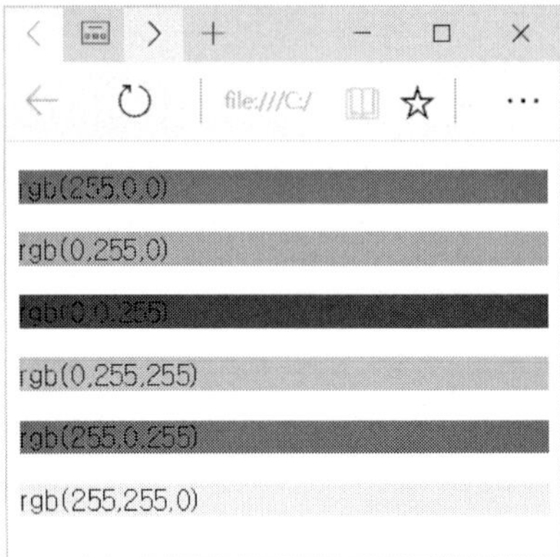

그림 55. RGB 색상표현

위에서는 256 RGB 값으로 상단 세 줄에는 가산혼합의 삼원색인 RGB를 표현하였고 하단 세 줄의 코드로는 감산혼합의 삼원색인 CMY를 표현하였다. 코드를 살펴보면 'Red'를 표현할 때 다음과 같이 작성하였다.

```
<p style="background-color:rgb(255,0,0)">rgb(255,0,0)</p>
```

여기에서 <p>는 문단을 나타내는 태그이고 태그 안에 style 어트리뷰트를 사용하였다. 값으로 "background-color:rgb(255,0,0)"라고 작성하였는데 이는 텍스트의 백그라운드 색상은 RGB이고 (255,0,0)의 값을 가진다고 써 놓았다. 즉 여기에서는 쉼표(,)로 나뉘어진 세 값은 앞에서부터 R, G, B를 나타낸다. 따라서 (255,0,0)은 Red의 빛은 최대한 올리고 나머지 Green과 Blue는 빛이 꺼진 상태라는 것이다. 따라서 이 색은 레드를 나타낸다.
마지막 <p> 태그가 있는 문단을 보자.

```
<p style="background-color:rgb(255,255,0)">rgb(255,255,0)</p>
```

여기에서는 rgb(255,255,0)으로 되어 있다. 여기에서는 텍스트의 백그라운드의 Red, Green의 빛을 모두 켜고, Blue는 끄도록 코딩이 되었다. 이는 곧 배경을 Yellow로 지정하는 것이다.

라) 16진수로 RGB로 색상 표현하기

우리가 일상 사용하는 숫자 체계는 10진수이다. 십진수는 0, 1, 2, 3부터 9까지 총 10개의 숫자를 사용한다. 9 다음의 수인 10은 자리올림을 발생하여 수를 표시한다. 영어로 decimal notation이라 한다. 두 자리 숫자로 나타낼 수 있는 숫자는 0부터 99까지 총 100개의 수를 표시할 수 있다.[71)]

한편 2진수는 '0'과 '1' 두 개의 숫자만을 사용하여 수를 표현한다. 0과 1은 각각'On', 'Off'로 이해되기도 한다. 2진수 1자리를 1비트라고도 한다. 2진수 두 자리 숫자로 나타낼 수 잇는 숫자는 총 네 개에 불과하다. 그 네 개는 '00', '01', '10', '11' 이다.

한편 웹에서 색상을 표현하는 데에는 16진수를 사용한다. 16진수 두 자리를 이용하면 한 자리에 16개씩, 16 x 16개의 색, 총 256개의 색상을 표현할 수 있다. 16진수는 0-9까지의 숫자 10개와 a부터 f까지의 숫자 여섯 개를 이용하여 숫자를 표현한다. 즉 0, 1, 2, 3, 4, 5, 6, 7, 8, 9, a, b, c, d, e, f로 모든 숫자를 표현하는 것이다. 16진수 두 자리는 하나의 색상 채널을 나타내고 한 채널에 총 256개의 색상을

71) 컴퓨터인터넷IT용어대사전

표현하는 것이다. 이 채널이 세 개가 있으면 모든 색상을 표현할 수 있다. RGB 세 가지 채널을 표현하는 것이다. 다음 표는 2진수, 10진수 16진수를 비교한 표이다.

표 15. 2진수, 10진수, 16진수

2진수	10진수	16진수	2진수	10진수	16진수
0	0	0	1010	10	a
1	1	1	1011	11	b
10	2	2	1100	12	c
11	3	3	1101	13	d
100	4	4	1110	14	e
101	5	5	1111	15	f
110	6	6	10000	16	10
111	7	7	10001	17	11
1000	8	8	10010	18	12
1001	9	9	10011	19	13

만약 R, G, B에 각각 16진수 두 자리를 각각 배정한다면 각 채널마다 256개의 색상을 배정할 수 있고 총 '256 x 256 x 256' 개의 색상을 표현할 수 있게 된다. 이는 곧 16,777,216개의 색상을 표현할 수 있는 것이고 사람이 실제로 구별할 수 있는 색보다 훨씬 많은 색을 표현할 수 있는 것이다.

그래서 웹에서는 16진수를 사용하여 색상을 표현하는 것이 간단하다. 이러한 색상 체계는 웹, 컴퓨터 화면, TV, 스마트 폰 등에도 모두 적용된다. 어도비사의 포토샵이나 일러스트레이터에도 16진수 RGB 표현이 되어 있다. 다음 그림을 보자.

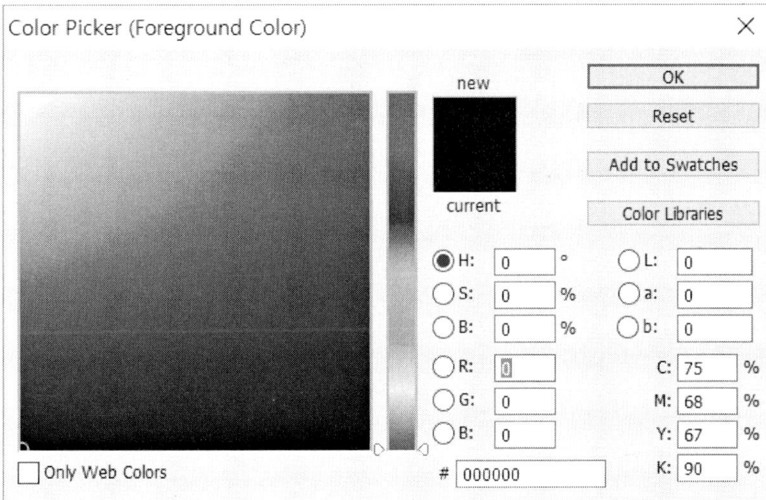

그림 56. 포토샵의 컬러피커

포토샵에서 색상을 선택할 수 있는 '컬러 피커(Color Picker)'에는 색상을 표현하는 여러 가지 방법을 제공한다. 'HSB'로 하는 방법, 'RGB'로 하는 방법, 'LAB'로 하는 방법, 'CMYK'로 하는 방법 등을 볼 수 있다. CMYK는 인쇄에서 사용하는 모드이기 때문에 RGB 모드와는 다르다.

위 사진의 제일 하단에는 '#'으로 표시되어 있는 영역이 있다. 이 부분이 십육진수로 색상을 표현하는 부분이다. 현재 화면에는 '#000000'이 표시되어 있다. '#'은 이 숫자가 16진수임을 나타내는 것이다. 뒤의 여섯 자리 숫자는 각각 RGB를 나타낸다. 앞의 두 자리가 Red, 가운데 두 자리가 Green, 마지막 두 자리가 Blue를 나타낸다. 각 두 자리의 영역에 들어갈 수 있는 최소의 숫자는 '00'이고 최대의 숫자는 'FF'가 된다. 즉 '00'부터 'FF'까지 256자리의 숫자가 들어갈 수 있는 것이다. '00'은 아무 빛도 없는 상태이고 'FF'는 빛이 최대한 들어가 있는 상태이다. 따라서 '#000000'은 Black을 나타낸다. '#FFFFFF'는 white가 된다. 아래 예시를 보자.

```
<!DOCTYPE html>
<html><body>
<p style="background-color:#FF0000">#FF0000</p>
<p style="background-color:#00FF00">#00FF00</p>
<p style="background-color:#0000FF">#0000FF</p>

<p style="background-color:#FFFF00">#FFFF00</p>
<p style="background-color:#FF00FF">#FF00FF</p>
<p style="background-color:#00FFFF">#00FFFF</p>
</body></html>
```

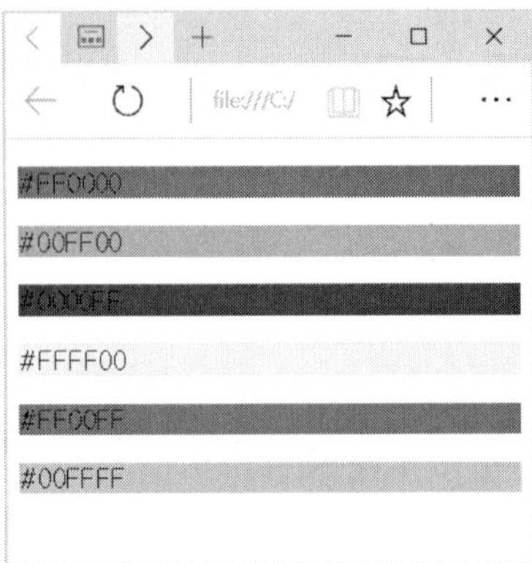

그림 57. 16진수로 색상표현

위의 예시에서 상단의 세 가지 컬러는 'R', 'G', 'B'를 나타냈고 각각 '#FF0000', '#00FF00', '#0000FF'로 표시하였다. 'a'부터 'f'까지의 숫자는 대문자를 쓰든 소문자를 쓰든 상관이 없다. 단 앞에 '#'을 붙이고 따옴표를 써주는 것이 오류 예방에 도움이 된다. 하단의 세 가지 색상은 RGB 원색의 이차색으로 각각 'Y', 'M', 'C'를 나타낸다. '#FFFF00', '#FF00FF', '#00FFFF'으로 표시되었다.

앞의 두 자리 숫자와 가운데의 두 자리 숫자 마지막의 두 자리 숫자가 같은 여섯 자리의 십육진수는 무채색을 나타낸다. 모든 세 빛이 동일하게 들어온다는 뜻이기 때문이다. 다음 예시를 보자

```
<!DOCTYPE html>
<html><body>
<p style="background-color:#FFFFFF">#FFFFFF</p>
<p style="background-color:#BBBBBB">#BBBBBB</p>
<p style="background-color:#7A7A7A">#7A7A7A</p>
<p style="background-color:#555555">#555555</p>
<p style="background-color:#000000">#000000</p>
</body></html>
```

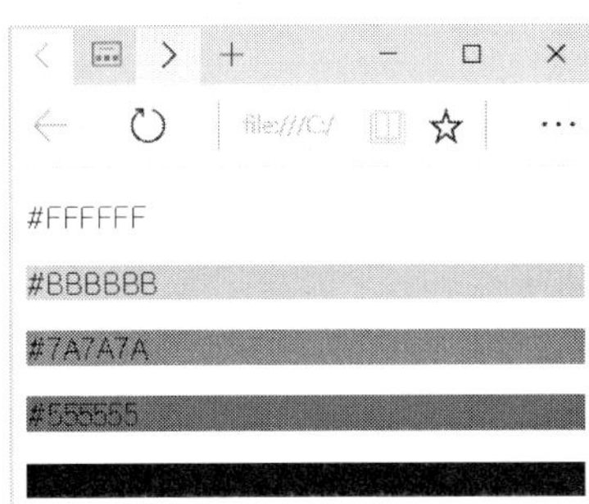

그림 58. 16진수로 흑백표현

위의 예시에서 제일 상단의 '#FFFFFF'는 빛을 모두 열었기 때문

에 흰색이 된다. '#BBBBBB'는 밝은 회색, '#7A7A7A'는 중간 정도의 회색이 된다. '#555555'는 어두운 회색이 되고, '#000000'은 빛이 하나도 들어오지 않는 상태이기에 검정색이 된다.

마) HSB와 LAB 컬러 체계

HSB는 색을 나타내는 방법 중의 하나로, 색도(Hue), 채도(Saturation), 명도(Brightness/Value)의 3요소로 구성된다. Brightness의 B가 파랑(Blue)과 약자가 중복되기 때문에 명도값(Value)를 써서 HSV라고도 많이 표기한다. 밝기(Lightness)의 L자를 써서 HSL이라는 표기도 쓴다. H값은 0에서 360도까지를 가지고, S와 B는 0 ~ 100% 까지의 값을 가진다. 이 조합으로 색상을 표현한다.

LAB도 마찬가지로 색을 구현하는 방법 중의 하나로, 실제 안구가 색을 인식하는 방식에 비추어서 간상 세포가 느끼는 밝기(Lightness), 원추 세포가 느끼는 적록과 황청(a Channel, b Channel)의 조합으로 구성된다. 여기서 L(밝기)은 0 ~ 100까지의 숫자를 가지고 표현하고 밝기를 제외한 두 요소는 적록, 황청의 서로 대립되는 색을 묶은 개념으로, 회색을 기준점으로 잡고 서로 반대 방향으로 뻗어가는 구조이다. 포토샵 등에서는 이 둘을 -127 ~ 128의 정수 형태로 구현하고 있다(0이 회색).[72]

---

72) https://namu.wiki/w/Lab

4. 리스트(List) 사용하기

가) 정렬되지 않은 HTML 리스트

정렬되지 않은 리스트는 <ul> 태그로 정의된다. “ul”은 unordered list라는 뜻이다. 각각의 정렬되지 않은 리스트에 딸린 각각의 항목도 리스트(list)라 부르며 <li> 태그로 정의한다. 각 리스트의 앞에는 점(마커, marker, bullet)이 붙는다. 다음 코드를 보면 쉽게 이해할 수 있다.

```
<!DOCTYPE html>
<html><body>

<h2>메뉴판</h2>
<ul>
  <li>라면</li>
  <li>김밥</li>
  <li>커피</li>
</ul>

</body></html>
```

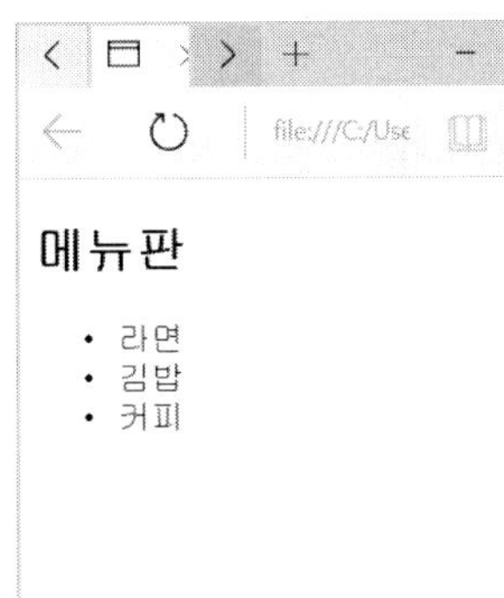

나) 정렬되지 않은 리스트의 아이템 마커 선택

위에서 본 것처럼 <li>태그는 마커를 동반하는데 기본은 disc이다.
circle을 선택할 경우 가운데가 빈 원을 그려주고,
square를 선택할 경우 사각형,
none을 선택하면 아무것도 표시하지 않는다.

다음과 같이 코드를 작성하여 disc의 자리에 circle, square, none 등을 바꿔가며 넣어보자.

```
<!DOCTYPE html>
<html><body>

<h2>마커 바꾸기</h2>
<ul style="list-style-type:disc">
 <li>라면</li>
 <li>김밥</li>
 <li>커피</li>
</ul>

</body></html>
```

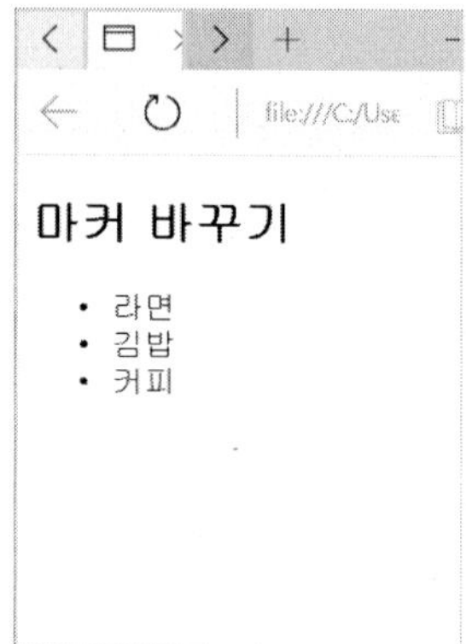

다) 정렬된 HTML 리스트

정렬된 리스트는 <ol> 태그로 시작한다. 각각은 마찬가지로 <li> 태그를 가지게 되고 리스트는 디폴트로 번호를 가지게 된다. 다음 예시를 보면 쉽게 이해할 수 있다.

```
<!DOCTYPE html>
<html><body>

<h2>메뉴판</h2>
<ol>
 <li>라면</li>
 <li>김밥</li>
 <li>커피</li>
</ol>

</body></html>
```

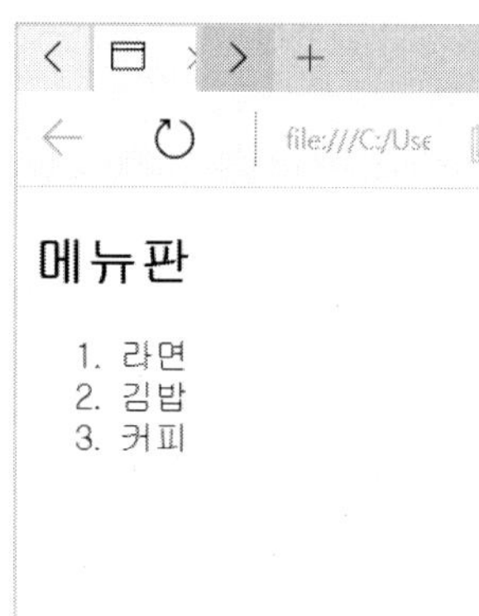

라) 정렬된 리스트의 타입 어트리뷰트

<ol> 태그에 ‘type’어트리뷰트를 이용하여 앞에 붙는 리스트의 표시 형태를 바꿀 수 있다.

type=“1” 숫자로 번호가 표시된다. 디폴트이다.

type=“A” 대문자로 표시된다.

type=“a” 소문자로 표시된다

type=“I” 로마숫자 대문자로 표시된다.

type=“i” 로마숫자 소문자로 표시된다.

다음과 같이 코드를 작성하여 type=“1” 대신에 type=“A”, type=“a”, type=“I”, type=“i”를 차례로 넣어보자.

```
<!DOCTYPE html>
<html><body>

<h2>메뉴판</h2>

<ol type="I">
  <li>라면</li>
  <li>김밥</li>
  <li>커피</li>
</ol>

</body></html>
```

마) HTML 설명 리스트

HTML에는 설명과 서술(description)을 위한 리스트가 있다. description 리스트는 각각의 용어를 설명하는 것이다. <dl> 태그가 description리스트를 만드는데 쓰인다. <dt>태그는 설명할 것의 이름을 정의하고 <dd> 태그는 설명문을 제시한다. <dd> 태그는 앞 들여쓰기를 한다.

다음 예시를 보자.

```
<!DOCTYPE html>
<html><body>

<h2>메뉴판</h2>
<dl>
 <dt>커피</dt>
 <dd>에스프레소 혹은 아메리카노</dd>
 <dt>쥬스</dt>
 <dd>오렌지 혹은 키위</dd>
</dl>

</body></html>
```

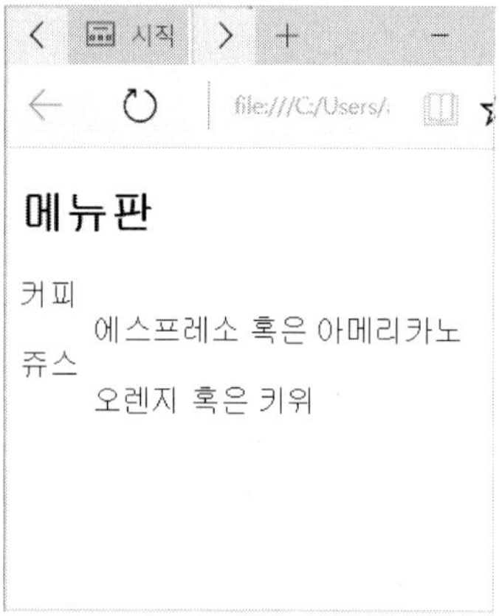

바) 계층구조를 가지는 리스트

리스트 안에 리스트를 넣을 수도 있다. 예시를 보자.

```
<!DOCTYPE html>
<html><body>

<h2>메뉴판</h2>
<ul>
 <li>커피</li>
  <ul>
  <li>아메리카노</li>
        <ul>
        <li>핫</li>
        <li>아이스</li>
        </ul>
  <li>에스프레소</li>
  </ul>
 <li>커피
  <ul>
  <li>홍차</li>
  <li>녹차</li>
  </ul>
 </li>
 <li>Milk</li>
</ul>

</body></html>
```

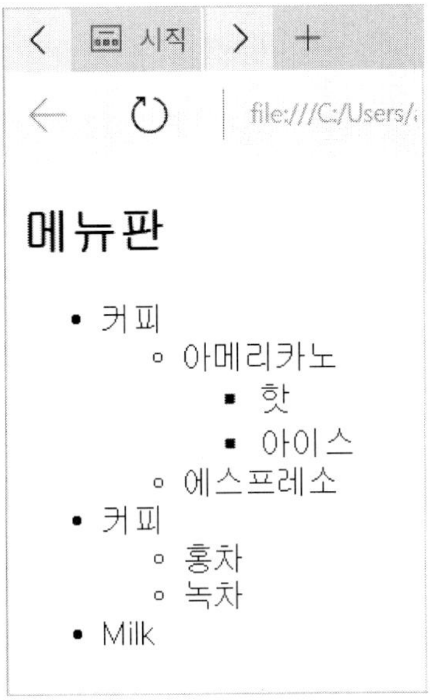

사) 수평 리스트

HTML 리스트는 CSS를 이용하여 많은 다른 형태로 디스플레이 될 수 있다. 흔히 사용되는 것이 내비게이션을 위한 수평 메뉴를 만드는 것이다. 다음 예시를 작성하여 어떻게 메뉴가 웹 브라우저에 나타나는지 보자.

```
<!DOCTYPE html>
<html><head><style>
ul {
   list-style-type: none;
   margin: 0;
   padding: 0;
   overflow: hidden;
   background-color: #333333;
}
li {
   float: left;
}
li a {
   display: block;
   color: white;
   text-align: center;
   padding: 16px;
   text-decoration: none;
}
li a:hover {
   background-color: #111111;
}
</style>
</head>
<body>
<ul>
  <li><a href="#home">Home</a></li>
  <li><a href="#news">News</a></li>
  <li><a href="#contact">Contact</a></li>
  <li><a href="#about">About</a></li>
</ul>
</body></html>
```

제2장 HTML 응용

지금까지 학습한 것은 HTML의 기본으로 이 책을 접한 사람들은 기본적인 페이지를 만들 수 있고, 글자를 다룰 수 있고, 원하는 색상을 넣을 수 있는 수준 정도가 되었다. 이제 HTML의 응용편에 들어가서 하이퍼링크, 테이블 등 조금 복잡한 것들을 알아보기로 한다.

1. 하이퍼링크

HTML에서 가장 중요한 기능 중의 하나가 하이퍼링크(Hyperlink)이다. 하이퍼링크는 거의 모든 웹 페이지에서 찾을 수 있다. 제대로 된 웹 페이지라면 마우스 클릭만으로도 다른 곳으로 원활하게 이동할 수 있도록 설계되어 있어야 한다.

하이퍼링크를 사용하면 사용자가 페이지 사이를 클릭하여 이동할 수 있다. 대개 하이퍼링크 위로 마우스를 움직이면 마우스 커서의 형태가 변한다. 때로는 마우스가 올라가면 텍스트의 색상이 살짝 변하거나 이미지가 바뀌기도 한다. 이것을 마우스 오버, 롤 오버 등으로 부른다.

가) 주소(URL)를 이용한 이동

링크는 '<a>'태그를 이용하여 만든다. 기본적인 형태는 다음과 같다. 여기서 'a'는 'anchor'를 의미한다.

```
<a href="이동할 주소">표시될 텍스트</a>
```

'<a>'태그 안에 'href'라는 어트리뷰트를 이용하여 이동할 주소가 어디인지 특정해 준다. 그리고 표시될 텍스트를 '<a>' 태그와 '</a>' 사이에 넣어주면 링크가 완성된다. 다음 예시를 보자.

```
<!DOCTYPE html>
<html><body>
<a href="http://www.daum.net/">다
음 포털로 가기</a>
</body></html>
```

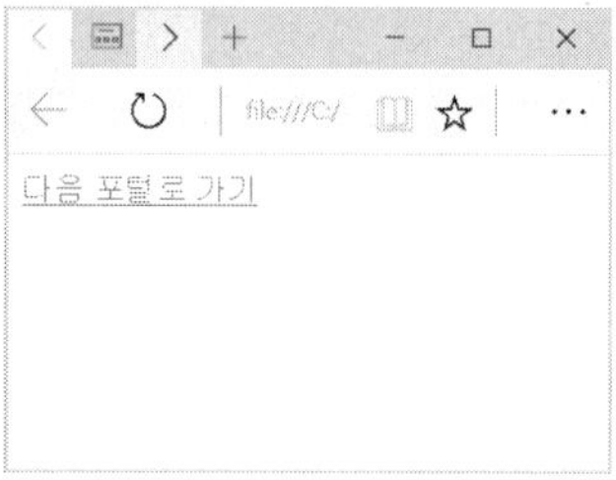

'<a>'태그 안의 'href'어트리뷰트에 "http://www.daum.net/"[73]을 집어넣어 이동할 주소를 특정하였다. '<a>'와 '</a>' 사이에 '다음 포털로 가기'라는 글자를 넣어 링크가 걸릴 텍스트를 작성하였다. '다음 포털로 가기'라는 글자의 색상이 파란색으로 변하고 밑줄이 그어진 것을 볼 수 있다. 링크가 걸려있는 것이다. 대부분의 브라우저에서는 특정한 처리를 하지 않는 이상 링크가 걸린 텍스트를 파란

---

73) "http://www.google.com"처럼 하위 폴더 주소에 슬래시가 없으면 서버에 두 개의 요청을 생성 할 수 있다. 많은 서버가 자동으로 "http://www.google.com/"처럼 슬래시를 주소에 추가 한 다음 새 요청을 만든다. 따라서 코딩을 할 때 "http://www.google.com/"과 같은 방식으로 끝에 슬래쉬를 붙여주는 것이 바람직하다.

색으로 표시해주고 밑줄을 그어주어 링크가 있음을 알려준다. 대개 한 번 방문한 링크는 보라색으로 변하기도 한다.

또한 하이퍼링크는 꼭 텍스트일 필요는 없다. 이미지 또는 다른 HTML 요소가 하이퍼링크로 작동할 수 있다. 다음 예시를 보자.

```
<!DOCTYPE html>
<html><body>

<a href="http://www.daum.net/">
<img src="button.jpg"></a>

</body></html>
```

'<a>'태그 안의 'href'어트리뷰트에 마찬가지로 "http://www.daum.net/"을 집어넣어 이동할 주소를 특정하였다. '<a>'와 '</a>' 사이에 '<img src="button.jpg">'라고 하였다. 그리고 이 html 파일이 저장되어 있는 폴더 안에 "button.jpg"라는 화살표가 달린 버튼 이미지를 넣어놓았다. 이 파일을 웹 브라우저에서 열면 "button.jpg"에 하이퍼링크가 걸리고 이 버튼을 누르면 "http://www.daum.net/"으로 이동한다. 마우스를 버튼 위에 올려논 상태에서 화면을 캡쳐하였기 때문에 하단에 "http://www.daum.net/"으로 이동할 것이라는 단서가 보인다.

자 다른 방식으로 이미지를 넣어보자. 이미지를 같은 폴더에 넣고 그 파일의 이름을 넣을 수도 있지만 이미지를 내가 가지고 있지 않더라도 가지고 올 수 있다. 먼저 검색엔진 구글의 로고의 위치를 찾아보았다. 좀 길지만 로고의 위치는 다음과 같다.

```
https://www.google.com/images/branding/googlelogo/1x/googlelogo_co
lor_272x92dp.png
```

google.com에서 로고 부분에 오른쪽 마우스를 클릭하고 "새 탭에서 이미지 열기"를 선택하면 새 탭에서 이 그림파일의 위치를 확인할 수 있다. 이 정보에 따르면 구글의 서버의 루트(root)에 images 폴더 밑, branding 폴더 밑, googlelogo 폴더 밑, 1x 폴더 밑에 "googlelogo_color_272x92dp.png"라는 그림파일 형태로 존재한다는 것을 알 수 있다. 다음 예시를 보자.

```
<!DOCTYPE html>
<html><body>

<a href="http://www.google.com/">
<img src="https://www.google.com/im
ages/branding/googlelogo/1x/googlelog
o_color_272x92dp.png"></a>

</body></html>
```

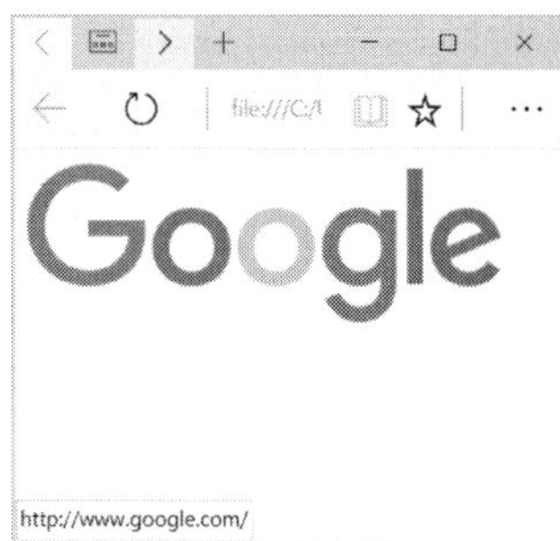

'<a>'태그 안의 'href' 어트리뷰트에 포털사이트 구글의 원래 주소인 "http://www.google.com/"을 집어넣어 이동할 주소를 특정하였다. '<a>'와 '</a>' 사이에 '<img src="https://www.google.com/images/branding/googlelogo/1x/googlelogo_color_272x92dp.png">'라고 길지만 전체 이미지 주소를 입력하였다. 내가 이미지를 들고 있지는 않지만 인터넷 서버 상에 존재하는 이미지를 가지고 와서 하

이퍼링크를 입힌 것이다. 이렇게 꼭 텍스트가 아니라 이미지나 다른 요소에도 하이퍼링크를 걸 수 있다.

나) 로컬 링크를 이용한 이동

이때까지는 인터넷 주소 URL을 이용한 이동을 하였다. URL을 이용하지 않고 같은 서버에 있을 경우에는 경로만을 써서 이동할 수 있다. 이런 경우 주소를 짧게 유지할 수 있어 편하다. 즉 “http://www.도메인주소.com”과 같은 것을 앞에 붙일 필요가 없는 것이다.

파일이 모두 한 폴더 내에 있을 때에는 로컬링크를 다루기가 쉽다. 다음 예시를 보자.

```
<!DOCTYPE html>
<html><body>

<p>여기는 메인페이지입니다.</p>
<p><a href="sub.htm">
서브 페이지로 가기</a></p>

</body></html>
```

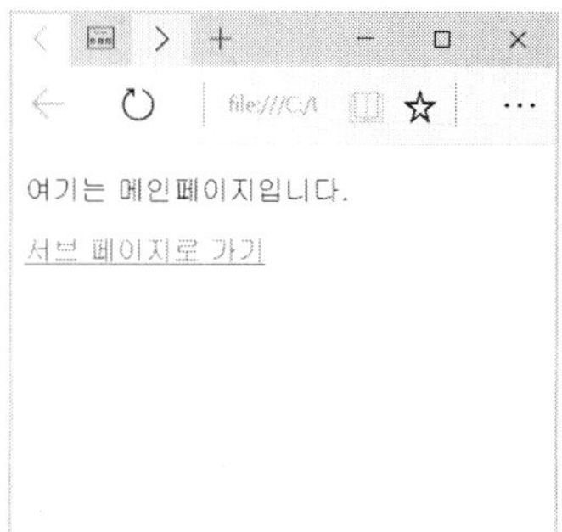

위의 HTML에는 두 문단이 있다. “여기는 메인페이지입니다.”라는 문단과 “서브 페이지로 가기”라는 두 문단이 있다. “서브 페이지로 가기”라는 텍스트는 “<a>” 태그로 둘러싸여 있고 어트리뷰트로 “sub.htm”으로 하이퍼링크가 걸려있다. 이 의미는 같은 폴더 안에 “sub.htm”이라는 파일이 있다는 의미이다. 다음 예시도 보자.

```
<!DOCTYPE html>
<html><body>
<p>여기는 메인페이지입니다.</p>
<p><a href="sub.htm">
<img src="sub_button.jpg">
</a></p>
</body></html>
```

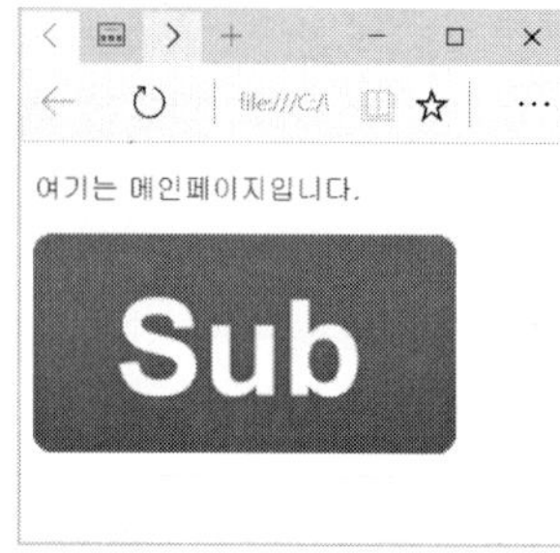

위의 예시는 “서브 페이지로 가기” 텍스트 대신에 그림이 들어있다. 같은 폴더 안에 “sub_button.jpg”라는 파일이 존재한다는 의미이다. 빨간 색 Sub가 쓰여있는 버튼이 “sub_button.jpg”이다. 그리고 같은 폴더 안에 “sub.htm”파일도 있는 것이다.

다음 예시는 위의 엘리먼트 들과 같은 폴더에 있는 “sub.htm” 파일이다.

```
<!DOCTYPE html>
<html><body>

<p>여기는 서브 페이지입니다.</p>
<p><a href="index.htm">
메인 페이지로 가기
</a></p>

</body></html>
```

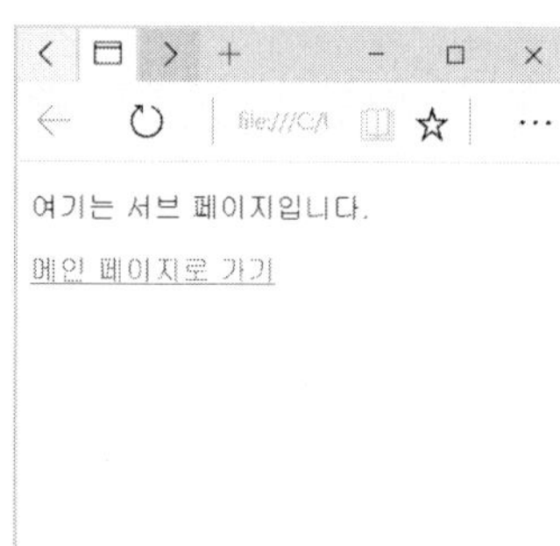

위의 예시는 “sub.htm”이다 첫 문단은 “여기는 서브 페이지입니다.”이고 다음 문단은 “메인 페이지로 가기”로 되어 있고 “index.

htm[74]"으로 이동하도록 되어 있다. 이 파일들이 들어 있는 폴더를 보자.

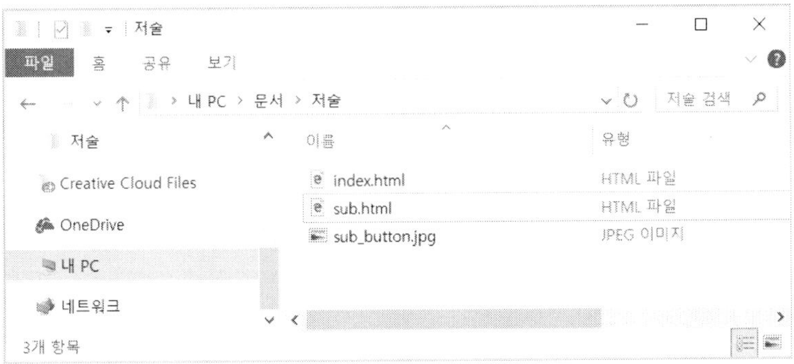

그림 59. 간단한 구조

홈페이지가 들어 있는 가장 상위 페이지를 대개 루트 폴더(root folder)라고 한다. 모든 것이 이 안에 들어있다. 이 홈페이지는 아주 간단한 구조의 웹 페이지로 세 가지의 파일을 가지고 있다. 메인 페이지 역할을 하는 "index.html"과 "sub.html"의 두 가지 html 파일을 가지고 있고 하나의 이미지 "sub_button.jpg"를 가지고 있다. 이 홈페이지가 하는 역할은 메인페이지와 서브페이지를 하이퍼링크를 이용하여 왔다 갔다 하는 기능만 있다.

하지만 서브파일이 많아지고 관리해야 하는 이미지들이 많아지면 한 폴더에 파일을 담아서 보관하는 것이 더 힘들 때가 있다. 이럴 때

74) 대부분의 서버에서는 같은 폴더에 여러 가지 파일이 있으면 그 중에 "index.htm", "index.html", "default.htm", "defautl.html"을 자동으로 먼저 읽는다. 때로는 서버의 종류에 따라서 "index.php", "index.shtml", "index.jsp", "default.asp" 등의 확장자도 사용이 된다.

에는 폴더별로 서브페이지나 이미지 파일들을 정리하곤 한다.

상위폴더나 하위폴더 등에 이동할 html 파일이 있거나 이미지가 있을 경우에는 이러한 이동이 조금 복잡해진다. 다음 예시와 같은 폴더 구조가 있다고 생각해 보자.

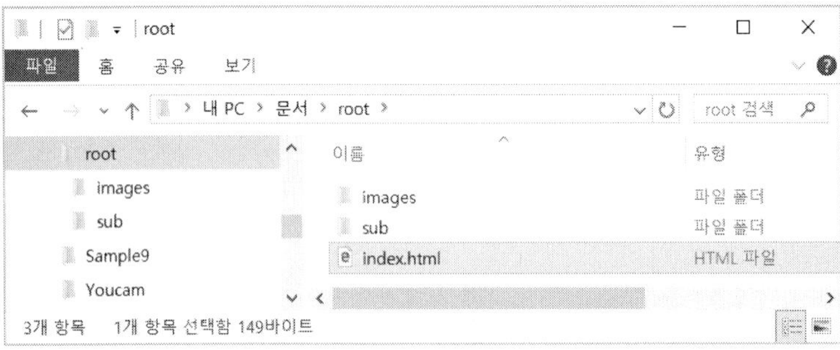

그림 60. 루트 폴더

여기가 루트 폴더이다. 이 폴더가 서버라고 가정했을 때 웹 브라우저가 여기에 접근하면 자동적으로 “index.html”을 열게 된다. 서브 페이지는 “sub”폴더 안에 “sub.html” 파일이 하나 들어가 있다. 다음 그림은 “images” 폴더 안의 모습이다.

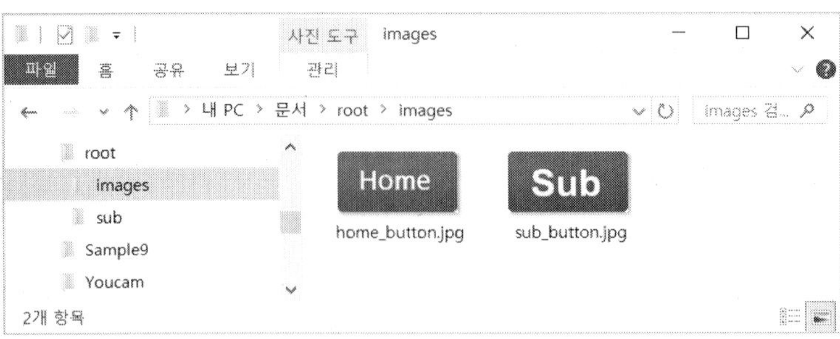

그림 61. images 폴더

여기에는 두 가지 파일이 있다. 홈페이지(index.htm)으로 이동하게 하는 버튼인 “home_button.jpg”이 있고 다른 하나는 서브 페이지로 이동하게 하는 버튼인 “sub_button.jpg”파일 두 개가 있다. “index.htm”에서는 서브로 가는 버튼을 넣을 것이고 “sub.html”에서는 홈으로 가는 버튼을 넣을 것이다. 다음은 “index.html”의 코드와 화면을 보여준다.

```
<!DOCTYPE html>
<html><body>

<p>여기는 메인페이지입니다.</p>
<p><a href="sub/sub.html">
<img src="images/sub_button.jpg">
</a></p>

</body></html>
```

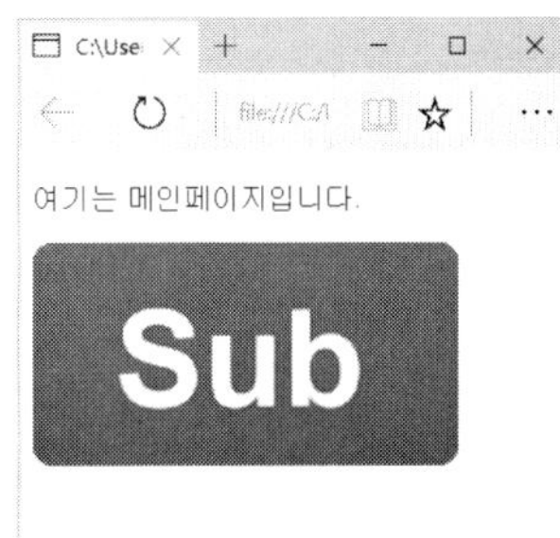

서브페이지로 가는 링크를 “sub/sub.html”로 작성하였다. 이 의미는 같은 폴더 안에 “sub”라는 폴더가 있다는 이야기이고 그 안에 “sub.html”이 있다는 이야기 이다. 즉 같은 폴더 안에 하위폴더가 있을 경우에는 그 폴더명을 적어주고 슬래쉬(/)로 아래 폴더에 있는 파일명을 표시해 주는 것이다. 이미지도 같은 폴더 안의 “images” 폴더 안에 들어있다. ‘images’ 폴더 아래에 있다는 의미로 슬래쉬를 넣어주었다. 그림 파일은 “sub-button.jpg”라는 이름을 가지고 있다. 여기에 있는 빨간색 서브 버튼을 누르면 서브 페이지가 열린다. 다음 예시는 서브 버튼을 누르면 열리는 페이지이다.

```
<!DOCTYPE html>
<html><body>

<p>여기는 서브 페이지입니다.</p>
<p><a href="../index.html">
<img src="../images/home_button.jpg">
</a></p>

</body></html>
```

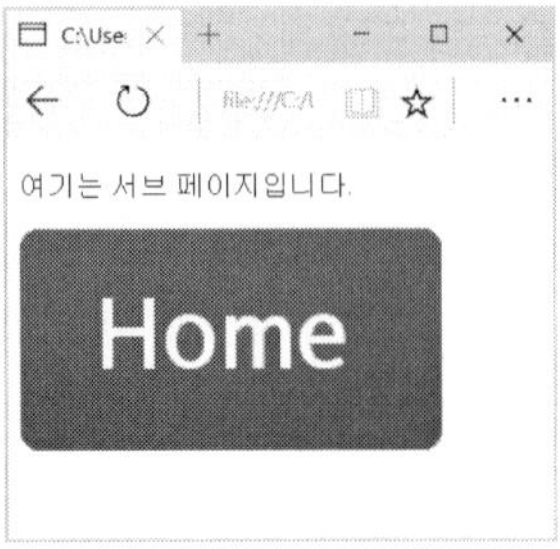

"sub.html" 페이지는 루트 폴더에 있지 않고 "sub" 폴더 안에 있다. "sub"폴더 안에는 "sub.html" 파일 하나만 들어있고 다른 파일은 들어있지 않다. 여기서 하나 위에 있는 폴더가 루트 폴더이고 그 폴더 안에 "index.html" 파일이 있기 때문에 <a href="../index.html">로 조금 복잡하게 하이퍼링크를 작성하였다. "../"은 하나 상위 폴더로 이동하라는 뜻이다. 상위 폴더의 "index.htm"을 열도록 하이퍼링크를 제공하는 것이다.

이미지의 경우 이것보다 조금 더 복잡하다. 이미지는 루트 폴더에 있는 "images"폴더 안에 "home_button.jpg"로 존재한다. 따라서 현재 있는 "sub"폴더에서 상위로 하나 이동하기 위하여 "../"를 먼저 써주고 "images" 폴더로 이동한 뒤에 "home_button.jpg"의 이름을 명시해 주어야 한다. 이러한 방식으로 디렉토리 상에서 파일 이름을 찾아 표시해 주는 것은 매우 중요하다.

다) 링크 색상 바꾸기

모든 브라우저에서는 다음과 같은 웹 표준에 따라 링크 색상 및 글자 형식을 디폴트로 생성하여 보여준다.

방문하지 않은 링크: 밑줄 친 blue 색상

방문한 링크: 밑줄 친 purple 색상

액티브 링크(마우스가 올라간 상태의 링크): 밑줄 친 red 색상

다음 예시를 보자.

```
<!DOCTYPE html>
<html>
<body link="black" alink="lightgray"
vlink="darkgray">

<p><a href="../index1.html">
방문하지 않은 링크</a>
<p><a href="../index.html">
방문한 링크</a>

</body></html>
```

<body> 태그 안에 어트리뷰트를 이용하여 링크의 색상을 바꿨다. 이것은 한 페이지 전체에 영향을 미친다. “link”어트리뷰트는 방문하지 않은 링크의 색상을 바꾼다. “alink”는 마우스가 올라간 상태의 링크의 색상을 바꾼다. “active link”에서 왔다. “vlink”는 방문했던 링크의 상태를 바꾼다. “visited link”라고 생각하면 이해하기 쉽다. 위에서는 방문하지 않은 링크는 “black”, 방문한 링크는 “darkgray”로 바꾸라고 지정을 해 놓았다.

이 외에도 스타일(style)을 이용하여 색상을 바꾸는 방법이 있는데 이는 추후 스타일 부분에서 다루기로 한다.

2. 테이블

웹 사이트 제작을 하면서 꼭 필요한 것 중의 하나가 테이블(표)이다. 테이블은 '<table>' 태그로 만든다. 테이블이 끝나는 부분에서는 꼭 '</table>'을 써주어야 한다. 테이블에서는 행과 열의 개념이 중요하다. 행은 세로줄 열은 가로줄로 이해하면 된다. 테이블에서 열의 생성은 '<tr>' 태그를 이용한다. 테이블의 각 데이터 셀은 '<td>' 태그로 만든다. 테이블 머리(head)가 있을 경우에는 '<th>'를 사용한다. 다음은 가장 기본적인 테이블의 예시이다.

```
<!DOCTYPE html>
<html><body>
<table style="width:100%">
  <tr>
    <th>성</th>
    <th>이름</th>
    <th>나이</th>
  </tr>
  <tr>
    <td>홍</td>
    <td>길동</td>
    <td>32</td>
  </tr>
  <tr>
    <td>심</td>
    <td>청이</td>
    <td>27</td>
  </tr>
</table>
</body></html>
```

위에서 나온 태그들을 살펴보자 '<tr> </tr>' 태그는 열을 생성한다. '<tr>'은 '테이블 로우(Table Row)'의 뜻으로 한 테이블 안에 '<tr>'이 몇 개가 있는지를 파악하면 총 몇 줄의 열이 생성이 되는지를 알 수 있다. 위의 테이블에서는 '<tr> </tr>'이 총 세 번 나오는 것을 확인할 수 있다. 세 줄이 형성이 되는 것이다. 위의 사례에서는 '<th> </th>' 태그와 '<td> <td>'가 나온다. '<th>'는 '테이블 헤드(Table Head)'를 뜻한다 테이블 헤드에 들어가 있는 글자들 즉 '성', '이름', '나이'라는 것들이 다른 글자들에 비해 굵게 표현되어 있고 가운데 정렬이 되어 있다. 반면 '<td> </td>'에 들어간 글자들은 좌측정렬이 되어있고 볼드 처리가 되어 있지 않은 것을 볼 수 있다. <td>는 '테이블 데이터(Table Data)'를 뜻한다.

가) 테이블의 어트리뷰트

다음 예시를 보자.

```
<!DOCTYPE html>
<html><body>
<table border=1 style="width:100%">
  <tr>
    <th>성</th> <th>이름</th> <th>나이</th>
  </tr>
  <tr>
    <td>홍</td><td>길동</td><td>32</td>
  </tr>
  <tr>
    <td>심</td><td>청이</td><td>27</td>
  </tr>
</table>
</body></html>
```

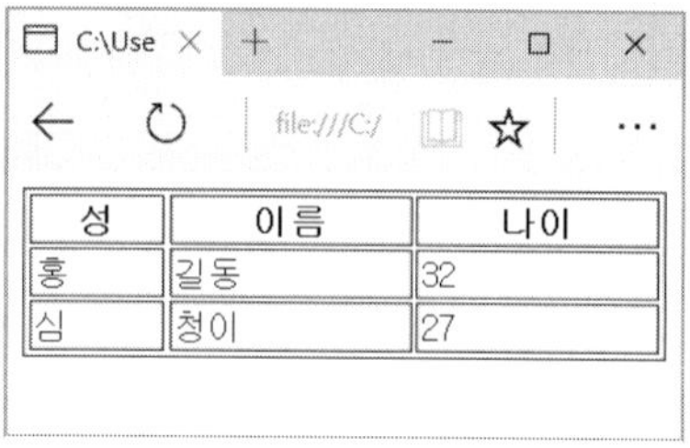

성	이름	나이
홍	길동	32
심	청이	27

그림 62. 테이블 어트리뷰트

'<table>' 태그 안에 'border'라는 어트리뷰트를 추가하였다. 이 어트리뷰트를 이용하여 테이블 안에 있는 셀에 경계선을 만들어 줄 수 있다. border의 숫자가 커질수록 경계선이 굵어진다. 이 외에도 <table> 태그 안에는 많은 어트리뷰트를 넣을 수 있다. 'style="width :100%"'이라는 어트리뷰트도 사용이 되었다. 이 어트리뷰트는 테이블의 넓이를 지정해 준다. 너비를 100%, 즉 브라우저의 좌우 너비에 맞게 디스플레이하라는 얘기이다. 여기에는 %를 넣을 수 있고 %를 넣지 않고 숫자만 넣는다면 단위를 픽셀로 인지를 한다. 'style= "width:100"'이라고 작성을 하면 폭 100 픽셀짜리 테이블을 보여준다. 다음 예시를 보자.

```
<!DOCTYPE html>
<html><body>
<table border="1" cellpadding="5" cellspacing="20" bgcolor="#cccccc"
style="width:100%">
  <tr><th>성</th><th>이름</th><th>나이</th></tr>
  <tr><td>홍</td><td>길동</td><td>32</td></tr>
  <tr><td>심</td><td>청이</td><td>27</td></tr>
</table>
</body></html>
```

그림 63. 테이블 어트리뷰트

여기에는 더 많은 어트리뷰트가 들어갔다. 'cellpadding'은 콘텐츠와 셀 사이의 간격을 지정해 준다. 여기에서는 "5"를 입력하였다. 예를 들어 제일 위의 가운데에 있는 '이름'이라는 글자는 셀의 벽에서 상하좌우 최소 5픽셀이 떨어져서 표시된다.

'cellspacing'은 셀과 셀 사이의 간격을 지정해 준다. 여기에서는 "20"을 입력하였다. 각 셀 사이의 간격이 항상 20픽셀로 유지된다. 그 다음으로 'bgcolor="#cccccc"'라는 어트리뷰트를 사용하였다. 이 어트리뷰트는 테이블의 배경색을 지정한다. 다음 예시를 보자.

```
<!DOCTYPE html>
<html><body>
<table style="width:100%" border="1" cellpadding="5" cellspacing="5">
  <tr><th>이름</th><th colspan="2">전화번호</th></tr>
  <tr>    <td>홍길동</td>
    <td align="center">0553203490</td>
    <td align="right">01053203490</td>
```

```
  </tr>
</table>
</body></html>
```

그림 64. colspan

위에서 첫 번째 <th>에는 '이름'이 들어가 있고 두 번째 <th>에는 '전화번호'가 들어가 있다. 전화번호의 아래 열을 보면 두 개로 쪼개져 있는 것을 볼 수 있다. 위에 있는 <th>가 아래의 두 개의 <td>에 해당되는 것이다. 이럴 때 두 개의 <th>를 묶어줘야 하는데 이것을 묶는 것이 바로 'colspan'이라는 어트리뷰트이다. 지금은 <th> 두 개를 묶어야 하기 때문에 <th colspan="2">를 사용하였으나 만약 이것이 세 개이면 <th colspan="3"> 이런 식으로 작성해야 할 것이다.

두 번째 <tr>을 보면 세 개의 <td>가 있는 것을 볼 수 있다. 각 셀을 자세히 보면 각각의 좌우 정렬이 틀린 것을 볼 수 있다. 홍길동의 경우 좌측정렬이고 이것은 <td>태그의 디폴트 정렬이다. 두 번째 셀의 0553203490은 가운데 정렬이다. 이 <td>의 어트리뷰트를 보면 align="center"라고 되어 있다. 가운데 정렬을 하려면 center를 사용한다. 세 번째 셀의 01053203490을 보면 우측 정렬이 되어있는 것을 볼 수 있다. 우측 정렬을 하기 위해서는 align="right"를 하여야 한다.

참고로 좌측 정렬을 하기 위해서는 “left”를 써야 한다. 좌우 정렬은 ‘left’ - ‘center’ - ‘right’라는 것을 꼭 기억하도록 한다. 다음 예시를 보자.

```
<!DOCTYPE html>
<html><body><table style="width:100%" border="1" cellpadding="5" c
ellspacing="5">
 <tr>
  <th>이름</th><td>홍길동</td>
 </tr>
 <tr>
  <th rowspan="2">Telephone</th>
  <td>0553203490</td>
 </tr>
 <tr>
  <td>01053203490</td>
 </tr>
</table></body></html>
```

그림 65. rowspan

위의 테이블은 행이 두 개 이고 열은 세 개다. 하지만 첫 번째 행의 열은 두 개 이고 두 번째 행의 열은 세 개다. 이럴 때는 세 개의 열을 만들어야 하기 때문에 <tr>은 기본적으로 세 개가 된다. 위의 코드에서도 세 개의 '<tr> </tr>'이 있다. 두 번째 <tr>의 <th>를 보자 <th rowspan="2">라고 작성되어 있다. 여기서 rowspan은 열을 묶는 어트리뷰트이다 지금은 두 개의 열을 묶었기 때문에 rowspan="2"가 되는 것이다 만약 세 개의 열을 묶는다면 rowspan="3"이 된다. 여기에서 Telephone이라는 내용은 <th>의 기본 정렬이기 때문에 좌우 가운데 정렬이 되어 있다. 상하에서도 기본 정렬은 가운데 정렬이기 때문에 정 가운데에 글자가 위치되어 있다. 다음 예시를 보자.

```
<!DOCTYPE html>
<html><body>
<table width="500" height="300" border="1" cellpadding="5" cellspacin
g="5">
 <tr>
   <td align="left" valign="top">left-top</td>
   <td align="center" valign="top">center-top</td>
   <td align="right" valign="top">right-top</td>
 </tr>
 <tr>
   <td align="left" valign="middle">left-middle</td>
   <td align="center" valign="middle">center-middle</td>
   <td align="right" valign="middle">right-middle</td>
 </tr>
 <tr>
   <td align="left" valign="bottom">left-bottom</td>
   <td align="center" valign="bottom">center-bottom</td>
   <td align="right" valign="bottom">right-bottom</td>
 </tr>
```

```
</table>
</body></html>
```

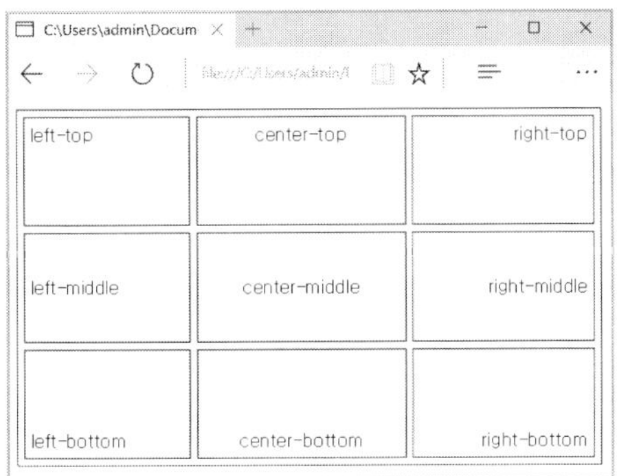

그림 66. cell align

위의 예시에서 각각 아홉 개의 셀에 글자의 위치를 변형시켜 보았다. 모든 셀은 동등한 '<td>'셀로 되어있다. 제일 위의 줄은 상하정렬을 상단으로 하였다. 이때 쓰는 어트리뷰트는 'valign'이다. 'valign'은 'vertical align', 즉 세로 정렬을 의미한다. valign="top"으로 지정하면 셀은 상단 정렬한다. 가운데 열은 중앙정렬을 하였다. 이때는 valign="middle"을 사용한다. 마지막 열은 하단 정렬을 하였다. 하단정렬을 할 때에는 valign="bottom"을 쓴다. 상하 정렬은 'top' - 'middle' - 'bottom'이라는 것을 꼭 기억하도록 한다. 위의 아홉 개의 셀에 나와 있는 상하좌우 정렬을 잘 살펴보도록 한다.

다음 예시는 '표제목'을 다는 것이다. 표제목을 그냥 텍스트로 표시할수도 있지만 '<caption>' 태그를 달아주는 것이 웹 표준 및 웹 접근성 확보에 더 적합하다.

```
<!DOCTYPE html>
<html><body>
<table style="width:100%" border="1" cellpadding="5" cellspacing="5">
<caption>홍길동 연락처</caption>
 <tr>
  <th>이름</th><td>홍길동</td>
 </tr>
 <tr>
  <th rowspan="2">Telephone</th>
  <td>0553203490</td>
 </tr>
 <tr>
  <td>01053203490</td>
 </tr>
</table>
</body></html>
```

그림 67. caption

<table> 태그를 열고 첫 번째 <tr>이 나오기 전에 '<caption>홍길동 연락처</caption>'을 넣어주면 상단에 표 제목이 표시가 된다.

나) CSS를 이용한 Table의 제작

다음 예시는 CSS를 써서 테이블의 디자인을 바꾸는 방식이다. 다음 코딩 예시를 보고 아래의 결과가 어떻게 해서 나오게 되었는지 살펴보자.

```
<!DOCTYPE html>
<html><head><style>
table {
   font-family: arial, sans-serif;
   border-collapse: collapse;
   width: 100%;
}
td, th {
   border: 1px solid #dddddd;
   text-align: left;
   padding: 8px;
}
tr:nth-child(even) {
   background-color: #dddddd;
}
</style></head>
<body><table>
  <tr><th>회사</th><th>연락처</th><th>국가</th></tr>
  <tr><td>아마존</td><td>제프 베조스</td><td>미국</td></tr>
  <tr><td>소프트뱅크</td><td>손정의</td><td>일본</td></tr>
  <tr><td>알리바바</td><td>마윈</td><td>중국</td></tr>
  <tr><td>애플</td><td>팀쿡</td><td>미국</td></tr>
</table></body></html>
```

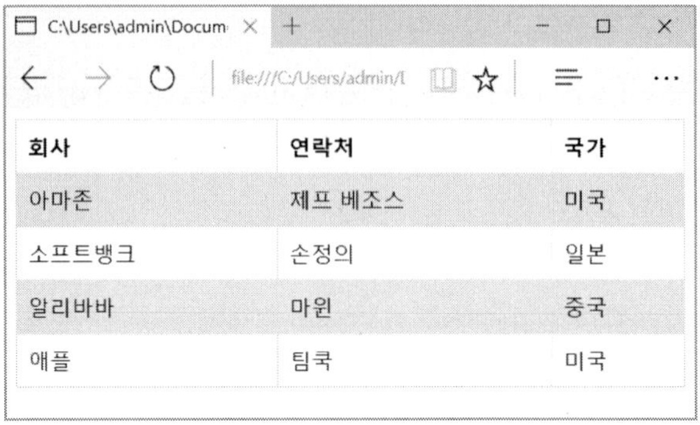

그림 68. table style

다음 예시는 스타일을 이용해서 테이블에 보더를 넣은 것이다. 이전에는 <table> 태그 안에 어트리뷰트를 삽입하였다.

```
<!DOCTYPE html>
<html>
<head>
<style>
table, th, td {
   border: 1px solid black;
}
</style>
</head>
<body>
<table style="width:100%">
  <tr><th>이름</th><th>나이</th></tr>
  <tr><td>홍길동</td><td>32</td></tr>
  <tr><td>심청이</td><td>27</td></tr>
</table>
</body></html>
```

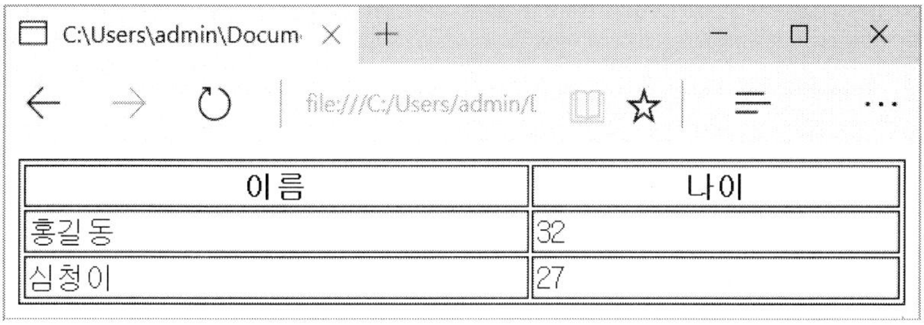

그림 69. table style

다음 예시는 보더 사이가 벌어진 것을 스타일을 이용해서 붙인 것이다. 'border-collapse'라고 부른다.

```
<!DOCTYPE html>
<html>
<head>
<style>
table, th, td {
   border: 1px solid black;
   border-collapse: collapse;
}
</style>
</head>
<body>
<table style="width:100%">
 <tr><th>이름</th><th>나이</th></tr>
 <tr><td>홍길동</td><td>32</td></tr>
 <tr><td>심청이</td><td>27</td></tr>
</table>
</body></html>
```

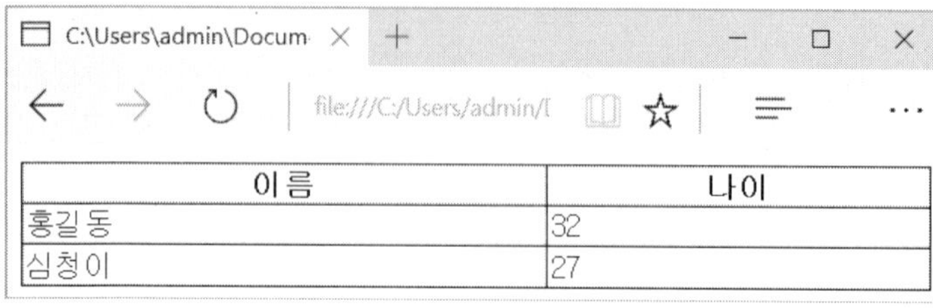

그림 70. table style

다음 예시는 'border-collapse'에 추가로 cellpadding을 준 것이다. 이때까지 <table>의 어트리뷰트에서 처리하였는데 스타일로 처리하였다.

```
<!DOCTYPE html>
<html><head>
<style>
table, th, td {
   border: 1px solid black;
   border-collapse: collapse;
}
th, td {
   padding: 15px;
}
</style></head>
<body>
<table style="width:100%">
  <tr><th>이름</th><th>나이</th></tr>
  <tr><td>홍길동</td><td>32</td></tr>
  <tr><td>심청이</td><td>27</td></tr>
</table>
</body></html>
```

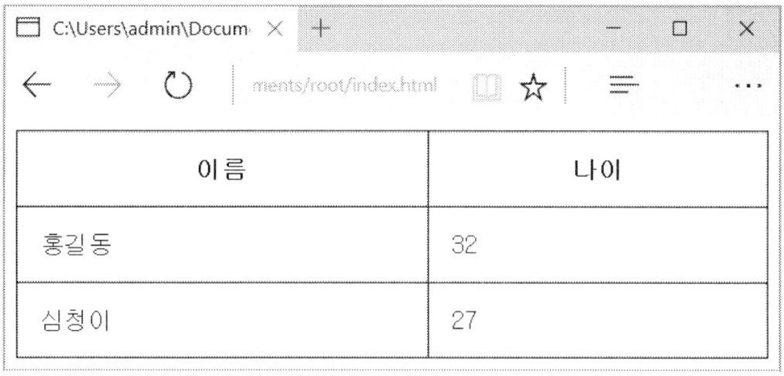

그림 71. table style

다음 예시는 'border-collapse', 'cellpadding'을 준 뒤에 <th>의 정렬을 스타일을 써서 변화를 준 것이다.

```
<!DOCTYPE html>
<html><head>
<style>
table, th, td {
   border: 1px solid black;
   border-collapse: collapse;
}
th, td {
   padding: 5px;
}
th {
   text-align: left;
}
</style></head>
<body>
<table style="width:100%">
  <tr><th>이름</th><th>나이</th></tr>
```

```
  <tr><td>홍길동</td><td>32</td></tr>
  <tr><td>심청이</td><td>27</td></tr>
</table>
</body></html>
```

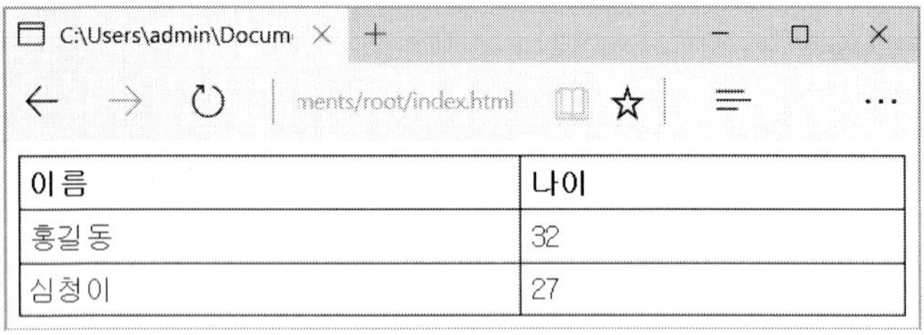

그림 72. table style

다음 예시는 cellspacing을 스타일을 이용하여 변화를 준 것이다. 이전에는 <table> 태그에서 cellspacing 어트리뷰트를 이용하였다.

```
<!DOCTYPE html>
<html>
<head>
<style>
table, th, td {
  border: 1px solid black;
  padding: 5px;
}
table {
  border-spacing: 15px;
}
</style>
</head>
```

```
<body>
<table style="width:100%">
 <tr><th>이름</th><th>나이</th></tr>
 <tr><td>홍길동</td><td>32</td></tr>
 <tr><td>심청이</td><td>27</td></tr>
</table>
</body></html>
```

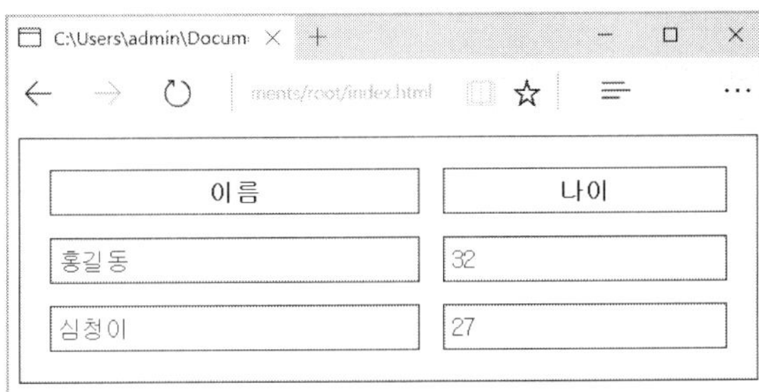

그림 73. table style

하나의 도큐멘트에 여러 개의 테이블이 있을 때, 각 테이블마다 다른 스타일을 적용할 수 있다. 여기 예시에서는 두 번째 나오는 테이블의 배경색을 바꿔봄으로서 테이블의 색상을 스타일로 변경하는 방법과 각 테이블마다 다른 스타일을 적용하는 방법을 알아보도록 한다.

```
<!DOCTYPE html>
<html>
<head><style>
table, th, td {
```

```
    border: 1px solid black;
    border-collapse: collapse;
}
th, td {
    padding: 5px;
    text-align: left;
}
table {
    width: 100%;
}
table#t01 {
    background-color: #cccccc;
}
</style></head>
<body>
<table>
<caption>홍길동 연락처</caption>
  <tr><th>이름</th><td>홍길동</td></tr>
  <tr><th rowspan="2">Telephone</th><td>0553203490</td></tr>
  <tr><td>01053203490</td></tr>
</table>
<table id="t01">
<caption>심청이 연락처</caption>
  <tr><th>이름</th><td>심청이</td></tr>
  <tr><th rowspan="2">Telephone</th><td>0553203491</td></tr>
  <tr><td>01053203491</td></tr>
</table>
</body></html>
```

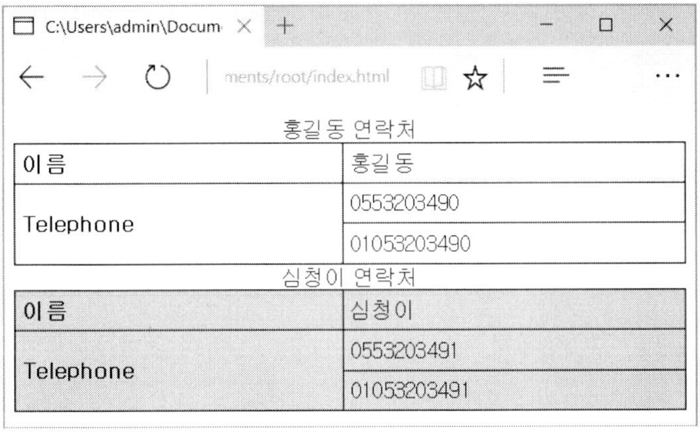

그림 74. table style

위의 예시를 보면 두 개의 테이블이 각각 다른 뒷 배경을 가지고 있음을 볼 수 있다. 두 개에 다른 스타일을 적용한 것이다.

제3장 CSS

스타일은 이 장에서 처음 나오는 개념은 아니다. 앞의 많은 예시에서 스타일을 이미 사용하였다. 여기에서는 CSS즉 Cascading Style Sheet에 대하여 알아보도록 한다. CSS는 어떻게 HTML의 요소들이 스크린에 디스플레이 될지를 설명하는 파일이다. CSS를 사용하면 한 번에 여러 웹 페이지에 대한 스타일 정의를 내릴 수 있기 때문에 매우 효율적이다. 즉 CSS는 하나만 만들어 놓으면 여러 페이지에 글로벌(global)하게 즉 범용으로 사용할 수 있다.

CSS는 세 가지 방법으로 HTML 요소에 더해질 수 있다.

- 인라인(inline) 방식: HTML 요소에 스타일 어트리뷰트를 넣는 방식
- 내장(internal) 방식: <style>태그를 넣어서 <head> 안에 넣는 방식
- 외장(external) 방식: 외장 CSS 파일을 쓰는 방식

이때까지 작업한 방식은 인라인 방식과 내장 방식이었다. 원래는 외장방식이 가장 일반적이지만 인라인 방식과 내장 방식은 어떻게 작동하는지 바로 보여줄 수 있는 장점이 있어서 이때까지 예시로 사용하였다.

1. 인라인 방식의 CSS

다음은 인라인 방식의 예시이다. 인라인 방식은 태그 안에 어트리뷰트의 형태로 직접 스타일을 정의하기 때문에 직관적이지만 여러 군데에 범용으로 쓰기가 힘들다는 단점이 있다.

```
<!DOCTYPE html>
<html><body>

<h1 style="color:gray;">This is a Gray H
eading</h1>
<p>This is black paragraph</p>

</body></html>
```

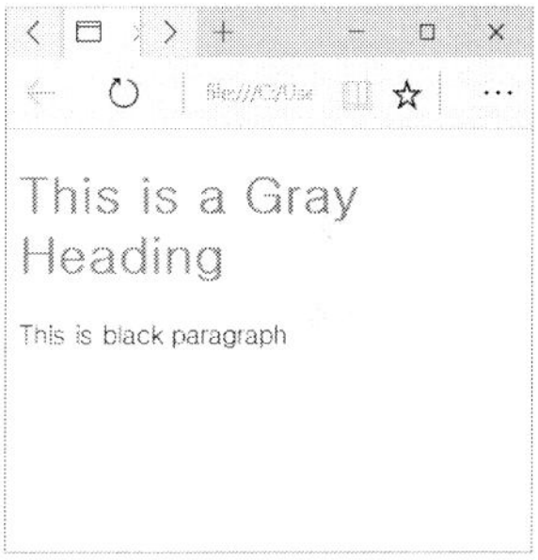

위에서 <h1> </h1> 태그 안에 일종의 어트리뷰트 형태로 “style="color:gray;"”를 썼기 때문에 <h1>에 해당하는 헤딩의 색상이 회색으로 바뀌었다.

2. 내장 방식의 CSS

다음은 내장 방식의 예시이다. 내장 방식은 각각의 HTML 파일에 적용이 된다. 내장 방식은 <head> </head>안에 <style> 태그를 이용하여 정의한다.

```
<!DOCTYPE html>
<html><head>
<style>
body {background-color: lightgray;}
h1   {color: gray;}
p    {color: black;}
</style>
</head>
<body>
<h1>This is a heading</h1>
<p>This is a paragraph.</p>
</body></html>
```

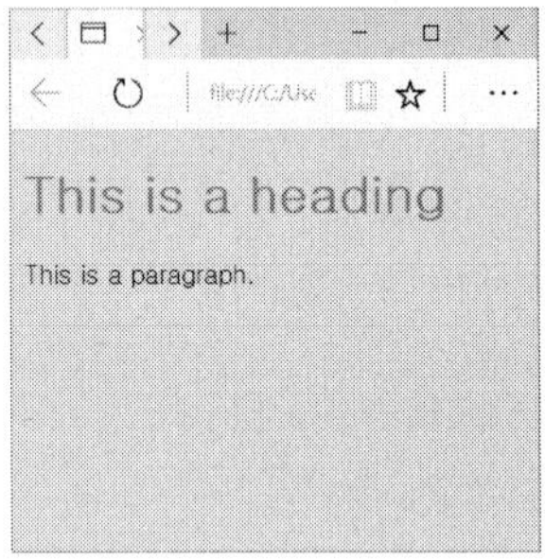

위에서는 배경색을 연한 그레이톤으로 바꾸고 <h1>의 내용은 그레이, <p>의 내용 색상은 검정으로 지정을 하였다.

3. 외장 방식의 CSS

다음은 외장 CSS방식이다. 이 방식이 대부분의 웹 사이트에서 많이 사용이 되는 방식이다. 대부분의 홈페이지에는 하나의 CSS를 만들어두어 그 CSS 파일 하나를 변경하면 홈페이지 전체의 스타일을 바꿀 수 있도록 한다. 홈페이지의 디자인 업데이트가 매우 편리한 것이다. 외장 CSS파일을 쓰기 위해서는 <head> </head>에 CSS 파일을 링크해 주어야 한다. 다음 예시를 보고 직접 코딩하여 어떠한 효과가 나타나는지 해 보자.

```
<!DOCTYPE html>
<html>
<head>
 <link rel="stylesheet" href="style.css">
</head>
<body>

<h1>This is a heading</h1>
<p>This is a paragraph.</p>

</body></html>
```

위의 파일에서 <head> </head> 사이에 "<link rel="stylesheet" href="styles.css">"라고 정의해 놓았다. 이 파일과 같은 폴더 안에 "style.css"라는 파일이 있는 것이다. 만약 폴더 안에 CSS파일이 없다면 다음 그림과 같이 디폴트 형태로 디스플레이가 될 것이다.

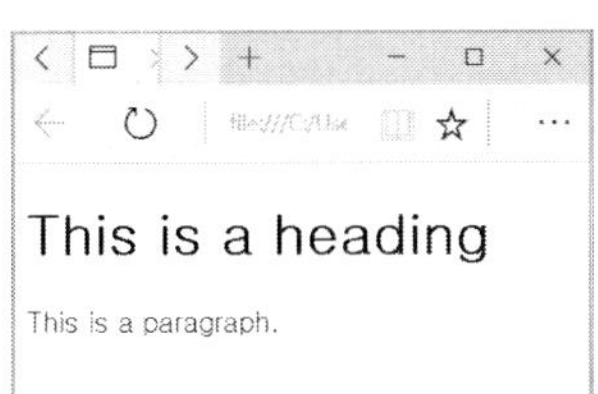

그림 75 CSS 적용 전

만약 위의 HTML 파일과 같은 폴더 안에 다음과 같은 style.css가 존재한다고 가정하자.

```
body {
  background-color: lightgray;
}
h1 {
  color: gray;
}
p {
  color: black;
}
```

그렇다면 아래 그림처럼 HTML 파일이 다르게 출력될 것이다.배경은 밝은 회색톤, <h1>의 내용은 회색, 그리고 <p>의 내용은 검정으로 지정을 하였다. CSS가 적용이 된 것이다.

CSS파일은 어떤 에디터로 작성이 되어도 상관이 없지만, 꼭 *.css라는 확장자를 가지고 저장이 되어야 한다.

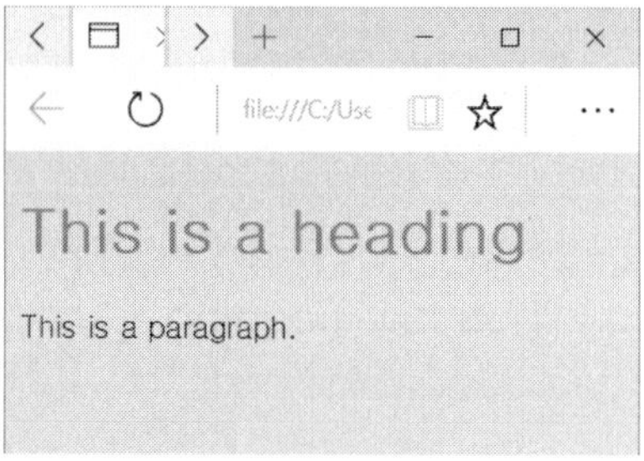

그림 76. CSS 적용 후

위에서 색을 지정한 스타일 외에도 CSS에 들어갈 수 있는 것들은 매우 많다. 다음의 코드를 직접 작성해 보아서 어떠한 효과가 나는지 직접 연습해 보자.

```
p {
  color: red;
  font-family: courier;
  font-size: 160%;
}
```

위에서 <p> 안의 내용의 글자는 빨강, 글자체는 courier, 폰트의 크기는 일반적인 크기보다 160%로 키우도록 지정한 것이다.

```
p {
  border: 1px solid black;
}
```

위에서는 스타일을 이용하여 <p>의 테두리를 1픽셀 검정색 라인으로 둘러싼 것이다.

```
p {
  border: 1px solid black;
  padding: 30px;
}
```

위에서는 스타일을 이용하여 <p>안에 있는 내용과 테두리 사이에 30픽셀의 공간을 만든 것이다.

```
p {
  border: 1px solid powderblue;
  margin: 50px;
}
```

위에서는 스타일을 이용하여 <p>안의 내용과 바깥에 있는 콘텐츠와의 공간을 50픽셀 벌린 것이다.

4. id와 class를 이용한 스타일 적용

다음은 "id" 어트리뷰트를 써서 하나의 특정한 요소에만 스타일을 적용하는 것을 해본다.

```
<!DOCTYPE html>
<html><head><style>
#p01 {
   color: gray;
}
</style></head>
<body>
<p>This is a paragraph.</p>
<p>This is a paragraph.</p>
<p id="p01">I am a gray paragraph.</p>
</body></html>
```

위에서 <style </style> 사이에 "#p01"이라는 것에 대하여 스타일을 정의하고 하단에 "<p id="p01">"이라고 문단을 써 놓았다. id가 같은 것에 스타일을 적용하게 된다. 이를 적용한 결과는 다음 그림과 같다.

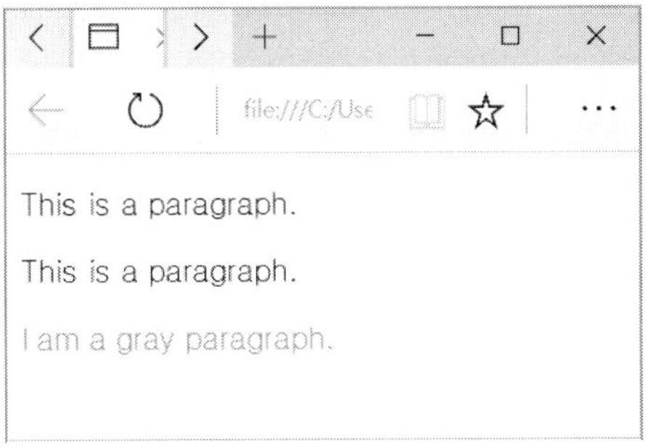

그림 77. id 지정

다음은 class 어트리뷰트를 사용하는 방식이다. id랑 비슷하지만 사용법에 있어서 조금 다르다.

```
<!DOCTYPE html>
<html><head><style>
p.error {
  color: red;
}
</style></head>
<body>
<p>This is a paragraph.</p>
<p class="error">This is an error.</p>
<p>This is a paragraph.</p>
<p class="error">This is also an error.</p>
</body></html>
```

위와 같은 파일을 작성하면 다음과 같은 결과를 얻는다.

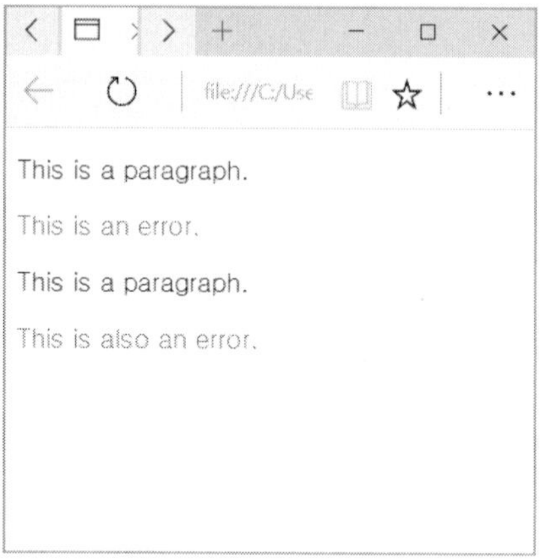

그림 78. class의 적용

그렇다면 언제 id를 사용하고 언제 class를 사용하냐는 질문이 있을 수 있다.

- id는 유니크하다. 즉 유일하다.
  각각의 요소는 하나의 id만을 가질 수 있고 각 페이지는 그 id를 가진 엘리먼트를 하나만 가질 수 있다.
- 반면 class는 유니크하지 않고 여러 번 사용이 가능하다.
  같은 클래스를 여러 엘리먼트에 사용할 수 있다. 같은 요소에도 여러 클래스를 지정할 수 있다.

CSS는 모두 공개가 된다. 디자인이 잘 되어있는 웹사이트를 찾아서 그 사이트가 가지고 있는 CSS코드를 분석해 보는 것도 좋은 공부가 된다. 웹사이트에 들어가 소스 보기를 한 뒤에 어떠한 CSS파일을 쓰는지 찾아서 그 내용을 공부하여 익혀보도록 한다.

클래스(class) 어트리뷰트를 사용하면 매우 편리하게 여러 가지 스타일을 지정할 수 있다. HTML 요소들을 클래스끼리 묶어서 같은 스타일을 지정하는 것이 가능하다.

다음 예제를 보자. 여기에는 세 가지의 <div>요소가 있는데 같은 클래스 이름을 공유하고 있다.

```
<!DOCTYPE html>
<html><head><style>
div.cities {
   background-color: black;
   color: white;
   margin: 20px 0 20px 0;
   padding: 20px;
}
</style></head>
<body>
<div class="cities">
<h2>서울</h2>
<p>서울특별시는 대한민국의 수도이자 최대 도시이다. 현재 대한민국
의 정부중앙청사, 청와대의 소재지가 되기까지 1,000년 이상 백제, 조선,
대한제국, 일제 강점기, 미 군정기, 대한민국의 수도 중심지 역할을 해왔
다.</p>
</div>
<div class="cities">
<h2>베이징</h2>
<p>베이징은 중화인민공화국의 수도이다. 허베이 성으로 둘러싸여 있
으며 동쪽으로는 톈진 시와 경계를 접한다. 베이징에는 자금성, 후통, 천
안문, 만리장성 등이 유적과 유물들이 많이 남아있다.</p>
</div>
```

```
<div class="cities">
<h2>도쿄</h2>
<p>도쿄 도는 일본의 47개 도도부현 중 하나로 메이지 시대 이후 사실
상 일본의 수도이다. 일본의 수도 기능을 하는 도쿄 23구와 다마 지역,
이즈 제도, 오가사와라 제도로 구성된 지방자치단체이다.</p>
</div></body></html>
```

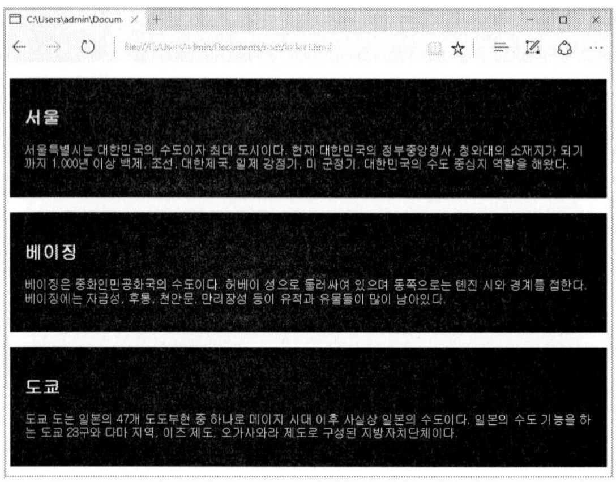

그림 79. class

따라서 서울, 베이징, 도쿄에 관한 세 도시의 콘텐츠 스타일을 하나로 통일하게 된다. 또한 <div>를 이용하지 않고 인라인(inline)에서 클래스를 이용하여 부분적으로 색상 등을 바꿀 수 있다. 다음 예시를 보자.

```
<!DOCTYPE html>
<html>
```

```
<head><style>
span.note {
  font-size: 120%;
  color: gray;
}
</style></head>
<body>
<h1>나의 <span class="note">중요한</span> 일정</h1>
<p>아침 9시 <span class="note">사장님 회의</span> 배석</p>
<p>아침 11시 <span class="note">대전</span> 출장</p>
<p>오후 5시 대전에서 바로 귀가</p>
</body></html>
```

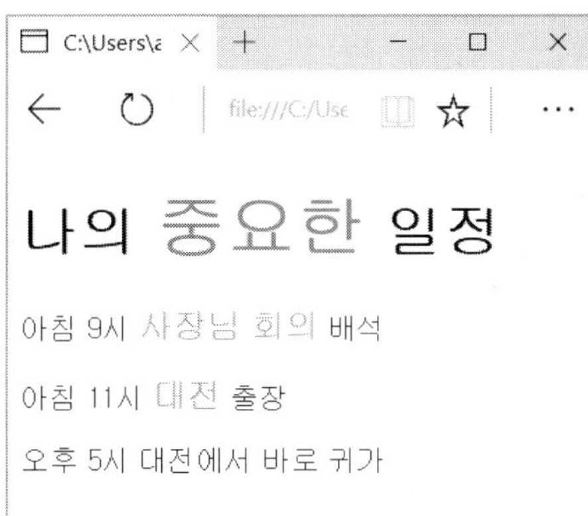

그림 80. class

중요한 메뉴 부분에 '<span class="note">내용</span>'을 적용하였다. 'span.note'에는 글자를 120%로 키우고 색상을 회색으로 흐르게 바꾸라고 되어있다. 이런 식으로 적용하면 <div>를 사용하지 않고도 내용에 일괄적으로 스타일을 적용할 수 있다.

다음은 링크의 색을 바꾸는 스타일이다. 직접 작성해보고 여러 가지로 색을 바꿔서 응용하도록 한다.

```
<style>
a:link {
   color: green;
   background-color: transparent;
   text-decoration: none;
}
a:visited {
   color: pink;
   background-color: transparent;
   text-decoration: none;
}
a:hover {
   color: red;
   background-color: transparent;
   text-decoration: underline;
}
a:active {
   color: yellow;
   background-color: transparent;
   text-decoration: underline;
}
</style>
```

제4장 기타 웹 프로그래밍 언어

1. 자바 스크립트(Java Script)

자바스크립트(JavaScript)는 객체 기반의 스크립트 프로그래밍 언어이다. 이 언어는 웹브라우저 내에서 주로 사용하며, 다른 응용 프로그램의 내장 객체에도 접근할 수 있는 기능을 가지고 있다. 프로그램 소스 코드는 따로 구현하지 않고 HTML 문서 사이에 직접 기술한다. 프로그래밍 언어인 자바와 자바스크립트는 직접적인 관련성이 없다.[75] 자바스크립트는 HTML 문서 내 <script></script> 태그로 감싸져 있다. 자바스크립트는 컴파일[76]이 필요 없는 것이 특징이다.

기타 HTML과 다른 특징을 알아보자. HTML이 대소문자를 구분하지 않는데에 반해서 자바 스크립트는 대소문자를 구분한다. 문장과 문장은 세미콜론으로 구분하며 문장이 끝나면 보통 세미콜론(;)을 붙인다. 언어의 문장을 구성하는 기본 단어로 키워드가 정의되어 있기 때문에 키워드는 변수나 함수명으로 사용할 수 없다.[77] 따라서

---

75) https://ko.wikipedia.org/wiki/자바스크립트

76) 프로그래밍 언어로 쓰인 프로그램을 기계가 이해하는 기계어(machine language)로 변환시키는 일을 컴파일이라고 부른다.

77) http://codus10731.tistory.com/11

문제에 변수나 함수명으로 사용할 수 없는 것을 묻는 경우가 있다. 다음은 자바 스크립트의 키워드이다.

- 제어문: if, else, for, do, while, switch, case,default, break, continue
- 연산자: new, delete, typeof, void, with, instanseof, in
- 변수: var, true, false, null
- 함수: function, return, this
- 예외처리 : try, catch, finally, throw

자바스크립트에서 변수는 영어 알파벳 문자나 밑줄(_)로만 시작한다. 또한 변수나 함수명등 사용시 '+', '-' 등의 연산자기호와 공백은 사용할 수 없다.

2. DHTML, XML, VRML

가) DHTML(Dynamic HTML)

DHTML(Dynamic HTML; 동적 HTML)은 정적 마크업 언어인 HTML과 클라이언트 기반 스크립트 언어(자바스크립트 같은) 그리고 스타일 정의 언어인 CSS를 조합하여 대화형 웹 사이트를 제작하는 기법을 의미한다. DHTML은 웹 브라우저 상에서 동작하는 응용 프로그램을 제작하는 데에도 쓰인다. 예를 들어 간편한 내비게이션을 위해 대화형 폼(form)을 제작하거나, 전자 학습에 사용되는 대화형 실습장을 만드는 데 이용될 수 있다.[78)]

웹 문서의 모든 구성 요소들을 객체화한 다음 스크립트 언어를 통해 동적으로 보여주도록 하는 기술. 재사용이 가능한 스크립트를 사용하기 때문에 다시 HTML문서를 다운로드할 필요 없이 바로 사용할 수가 있다. 즉, 개발자들이 DHTML를 이용, 웹페이지의 내용과 포맷을 분리할 수 있다.[79)]

나) XML(eXtensible Markup Language)

XML(Extensible Markup Language)은 W3C에서 개발된, 다른 특수한 목적을 갖는 마크업 언어를 만드는데 사용하도록 권장하는 다목적 마크업 언어이다. XML은 SGML의 단순화된 부분집합으로, 다른 많은 종류의 데이터를 기술하는 데 사용할 수 있다. XML은 주로 다른 종류의 시스템, 특히 인터넷에 연결된 시스템끼리 데이터를 쉽게 주고 받을 수 있게 하여 HTML의 한계를 극복할 목적으로 만들어졌다.[80)]

XML은 문서 파일의 처음과 끝에 <BEGIN>... </BEGIN> 같은 태그를 붙여 의미 분석을 쉽게 해주는 문법 규칙을 채택한다. XML은 HTML보다 다양한 종류의 하이퍼텍스트 링크를 제공한다. 그러한 링크에는 양방향 링크와 문서 일부와 관련된 링크 등이 있다. 문서 작성자가 새로운 태그를 정의할 수도 있기 때문에, XML DTD는 웹 브라우저를 어떻게 해석할지에 대해 지시하는 규칙들을 반드시 포함해야 한다. 예를 들어 단위 개체(entity)가 어떻게 표시되어야 하

78) https://ko.wikipedia.org/wiki/DHTML
79) 매경용어사전
80) https://ko.wikipedia.org/wiki/XML

는지 또는 전자우편 메시지를 작성하는 것 같은 응용 프로그램의 처리 명령 등이 포함된다.[81)]

다) VRML(Virtual Reality Modeling Language)

VRML(Virtual Reality Modeling Language; 가상 현실 모델링 언어)는 3차원 인터렉티브 벡터 그래픽을 표현하는 표준 파일 형식으로, 월드 와이드 웹을 염두에 두고 만들어졌다.[82)]

HTML 파일과 VRML 파일끼리 링크시켜서 서로의 가상공간을 계속 이어 광대한 가상 공간을 만들어 내는 것도 가능하다. 마찬가지로 VRML을 보기 위해서는 VRML용 웹 브라우저를 사용하든지 LIVE3D 프로그램과 같은 VRML 플러그인 프로그램을 브라우저에 설치하면 볼 수 있다. 요즈음 기술이 많이 발전하여 이런 개념을 이용하여 쇼핑몰을 만드는 데 사용되기 시작하였다. 기존의 정적인 제품 사진을 보며 쇼핑했던 것과는 달리 직접 쇼핑을 하는 것 같은 효과를 얻을 수 있다. 앞으로 이런 가상현실을 인터넷과 접목시키려는 움직임이 활발해질 것으로 보인다.[83)]

3. ActiveX, ASP, JSP, PHP

가) ActiveX

마이크로소프트 윈도우(Microsoft Windows) 환경에서 인터넷을

81) http://100.daum.net/encyclopedia/view/b15a2486n9
82) https://ko.wikipedia.org/wiki/VRML
83) 매경용어사전

통해 다운 받은 내용을 쉽게 이용할 수 있도록 마이크로소프트사에서 개발한 소프트웨어 프레임워크. 인터넷 익스플로러(Internet Explorer) 브라우저를 위해 고안되었다. 기존의 응용 프로그램으로 작성된 문서 등을 웹과 연결시켜 그대로 사용할 수 있으며, ActiveX가 사용된 페이지에 접속하면 자동으로 내려받기되어 설치된다. 썬 마이크로시스템즈(Sun Microsystems)의 자바(Java) 기술에 대항하는 기술이다.[84]

재사용 가능한 객체지향적인 소프트웨어 구성 요소 개발에 사용되는 기술로 컴포넌트 오브젝트 모델과 객체 연결 삽입(OLE)을 적용해 WWW으로부터 다운로드받은 컨텐츠들을 이용하는 데 이용된다. 액티브X는 전반적인 기술 혹은 기술을 구현하는데 필요한 구성요소를 가리키며, 액티브X컨트롤은 액티브X를 이용해 만든 작은 프로그램을 말한다. 대부분 액티브X는 인터넷 익스플로러의 플러그인을 만드는 데 사용된다.[85]

나) ASP

액티브 서버 페이지(Active Server Page, 줄여서 ASP)는 마이크로소프트사에서 동적으로 웹 페이지들을 생성하기 위해 개발한 서버 측 스크립트 엔진이다. 최초 버전은 Windows NT 4.0 옵션 팩(1998 상반기)에 포함하여 인터넷 정보 서비스(IIS)에 추가되는 식으로 출시되었고, 나중에 윈도 서버(윈도 2000 서버의 최초 버전 이후로)의 무료 구성 요소로 포함되었다. ASP.NET이 ASP를 대체하

84) TTA정보통신용어사전

85) https://ko.wikipedia.org/wiki/액티브X

고 있다.

ASP 2.0은 6개의 내장 객체들을 제공한다: Application, ASPError, Request, Response, Server, Session. 예를 들어, Session은 페이지 간의 변수의 상태를 유지하는 쿠키 기반의 세션을 나타낸다. 동적 스크립팅 엔진의 컴포넌트 객체 모델(COM) 지원은 ASP 웹사이트들이 DLL들 같은 컴파일 된 라이브러리들을 함수처럼 접근 가능하게 해 준다.86)

다) JSP

자바서버 페이지(JavaServer Pages[1], JSP)는 HTML내에 자바 코드를 삽입하여 웹 서버에서 동적으로 웹 페이지를 생성하여 웹 브라우저에 돌려주는 언어이다. Java EE 스펙 중 일부로 웹 애플리케이션 서버에서 동작한다.

자바서버 페이지는 실행시에는 자바 서블릿으로 변환된 후 실행되므로 서블릿과 거의 유사하다고 볼 수 있다. 하지만, 서블릿과는 달리 HTML 표준에 따라 작성되므로 웹 디자인하기에 편리하다. 1999년 썬 마이크로시스템즈에 의해 배포되었으며 이와 비슷한 구조로 PHP, ASP, ASP.NET 등이 있다.

아파치 스트럿츠나 자카르타 프로젝트의 JSTL 등의 JSP 태그 라이브러리를 사용하는 경우에는 자바 코딩없이 태그만으로 간략히 기술이 가능하므로 생산성을 높일 수 있다.87)

86) https://ko.wikipedia.org/wiki/액티브_서버_페이지
87) https://ko.wikipedia.org/wiki/자바서버_페이지

라) PHP

Hypertext Preprocessor라고 불리며, 웹 개발 및 하이퍼텍스트 생성 언어(HTML)에 포함되어 사용되는 스크립트 언어. 별도의 실행 파일을 만들 필요 없이 HTML 문서 안에 직접 포함시켜 사용하며, C, 자바(Java), 펄(Perl) 언어 등에서 많은 문장 형식을 준용하고, 각종 데이터베이스를 제어하는 함수와 웹 개발에 필요한 많은 함수를 제공하므로 동적인 웹 문서를 빠르고 쉽게 작성할 수 있다. 스크립트에 따라 내용이 다양해서 동적 HTML 처리 속도가 빠르며, 피에이치피(PHP) 스크립트가 포함된 HTML 페이지에는 PHP 개발 버전에 따라 .php, .php3, .php4, .phtml 등의 확장자를 붙였으나 .php 하나로 통일되었다. PHP는 유닉스나 리눅스, 윈도 등 대부분의 운영체제에서 동작한다. 오픈 소스 프로젝트에 의해 개발되므로 누구든지 소스를 받아 수정하고 재배포할 수 있다. PHP는 1995년 라스무스 러도프(Rasmus Lerdorf)씨가 처음 고안하였고 이름을 'Personal Home Page tools'이라 불렀다.[88]

---

88) https://ko.wikipedia.org/wiki/PHP

제5장 코딩 관련 기출문제

(1) HTML에 대한 설명으로 틀린 것은?

① HTML 언어는 W3C를 기반으로 한다.

② HTML은 Hyper Text Marking Language의 약자이다.

③ 확장자는 html 또는 htm이다.

④ HTML은 태그(Tag)로 구성되어 있다.

(2) 다음 ( )안에 공통으로 들어갈 알맞은 단어는?

드림위버와 나모 웹에디터는 대표적인 (　　)방식의 프로그램이다. (　　) 방식은 에디터에서 작업하는 화면과 출력하는 화면이 같다는 의미이다.

① 에디터(Editor)

② 위지위그(WYSIWYG)

③ 비헤이비어(Behavior)

④ 스크립트(Script)

(3) 다음 중 일반적인 HTML문서의 기본구조로 옳은 것은?

① <HTML><HEAD></HEAD><BODY></BODY></HTML>

② <HEAD></HEAD><HTML><BODY></HTML></BODY>

③ <HEAD><HTML></HTML></HEAD><BODY></BODY>

④ <HEAD></HEAD><HTML><BODY></BODY></HTML>

(4) 다음이 설명하고 있는 것은?

- 기존 HTML의 단점을 개선하여 동적인 웹페이지를 만들 수 있도록 하기 위한 기술
- 문서의 각 요소를 하나의 객체로서 위치와 스타일을 지정할 수 있고, 또한 사용자와의 상호작용을 첨가하거나 움직임이 가능함
- 자바 스크립트를 기반으로 함

① CGI

② JAVA

③ DHTML

④ CSS

(5) HTML 문서의 시작과 끝을 표시하기 위해 사용되는 태그로 옳은 것은?

① <begin>

② <body>

③ <html>

④ <start>

(6) 하이퍼텍스트에서 사용되는 〈A〉태그에서 A가 지칭하는 용어는?

① 앤드(And)

② 오토(Auto)

③ 앵커(Anchor)

④ 어너니머스(Anonymous)

(7) HTML 문서의 작성자, 날짜, 주요 단어 등 웹브라우저의 내용에는 나타나지 않는 웹 문서의 일반 정보를 나타낼 때 사용하는 태그는?

① <title>

② <meta>

③ <head>

④ <body>

(8) HTML(Hyper Text Markup Language)의 특징으로 거리가 먼 것은?

① HTML은 Markup 언어이다.

② HTML 문서는 ASCII 코드로 구성된 일반적인 텍스트 파일이다.

③ HTML 문서에는 동영상을 재생할 수 없다.

④ HTML은 컴퓨터 시스템이나 운영체제에 독립적이다.

(9) 웹 문서에 텍스트나 이미지 또는 멀티미디어 요소를 클릭하면 외부의 텍스트나 이미지, 기타 다른 멀티미디어 요소로 변경되는 것은?

① 테이블

② 하이퍼링크

③ 프레임

④ 태그

(10) Java script에 대 한 일반적인 설명으로 틀린 것은?

① 객체지향적 프로그래밍 언어이다.

② 인터랙티브 웹 페이지 제작을 위해 사용된다.

③ 소스가 공개된다.

④ 컴파일이 필요하다.

(11) 다음 중 웹 페이지 제작에 따른 외부 스타일시트 확장자는?

① *.stc

② *.ssc

③ *.xls

④ *.css

(12) 다음의 HTML 태그 중 종료 태그가 없는 것은?

① <HTML>

② <BODY>

③ <HR>

④ <DIV>

(13) HTML 태그에서 "cellpadding" 에 대해 올바르게 설명한 것은?

① "table" 태그에서만 쓰는 속성으로 셀 구분선과 셀 안의 문자간의 여백을 설정한다.

② "table" 태그에서만 쓰는 속성으로 셀과 셀 사이의 간격을 설정한다.

③ "table" 태그에 삽입하면 테이블의 전체의 높이를 설정한다.

④ “table” 태그에 삽입하면 해당 셀의 높이를 설정한다.

(14) 다음 HTML 태그 중 성격이 다른 태그는?

① <OL> </OL>

② <UL> </UL>

③ <LI> </LI>

④
 </BR>

(15) 다음 마크업 언어 중 가장 나중에 만들어진 것은?

① SGML

② HTML

③ XML

④ XHTML

(16) HTML을 이용한 웹페이지 제작에 대한 설명으로 틀린 것은?

① Markup 태그를 이용하여 제작한다.

② 다양한 멀티미디어 포맷의 파일을 연결시킬 수 있다.

③ 하나의 그림에는 하나의 문서나 사이트만을 연결할 수 있다.

④ 위지위그(WYSIWYG) 방식은 직접 코드를 입력하지 않아도 웹페이지 구성이 가능하다.

(17) HTML 문서를 구성하는 태그 중 본문을 나타내는 것은?

① <Meta> </Meta>

② <Head> </Head>

③ <Body> </Body>

④ <Tbody> </Tbody>

(18) HTML에서 사용되는 글자 모양에 관련된 태그에 관한 설명으로 옳지 않은 것은?

① <B> </B> 태그는 강조된 글자 모양으로 표시하기 위한 태그이다.

② <CITE> </CITE> 태그는 위 첨자 모양의 글자로 표시할 때 사용하는 태그이다.

③ 태그는 위 첨자 모양의 글자로 표시할 때 사용하는 태그이다.

④ <CODE> </CODE> 태그는 프로그램 코드 글자 모양으로 표시할 때 사용하는 태그이다.

(19) 〈BODY〉 태그에서 사용할 수 있는 속성과 그 의미의 연결이 올바르지 않은 것은?

① BGCOLOR - 배경색을 지정한다.

② BG - 배경으로 사용될 이미지 파일을 지정한다.

③ TEXT - 일반 글자색을 지정한다.

④ LINK - 링크로 설정한 글자색을 지정한다.

(20) a href="http://www.hrdkorea.or.kr" target="ⓐ"〉 에서 ⓐ에 나타날 수 있는 값과 그에 대한 설명이 틀린 것은?

① _blank : 링크된 문서를 새 창에 보여준다.

② _parent : 링크된 문서를 창 전체에 보여준다.
③ _self : 링크된 문서를 하이퍼링크가 있던 현재 프레임에 보여준다.
④ _top : 링크된 문서를 창 전체에 보여준다.

제4부 | 부록

HTML 표준 색 이름

표 16. HTML Standard Color Names

Color Name	HEX	Color Name	HEX
AliceBlue	#F0F8FF	LightPink	#FFB6C1
AntiqueWhite	#FAEBD7	LightSalmon	#FFA07A
Aqua	#00FFFF	LightSeaGreen	#20B2AA
Aquamarine	#7FFFD4	LightSkyBlue	#87CEFA
Azure	#F0FFFF	LightSlateGray	#778899
Beige	#F5F5DC	LightSlateGrey	#778899
Bisque	#FFE4C4	LightSteelBlue	#B0C4DE
Black	#000000	LightYellow	#FFFFE0
BlanchedAlmond	#FFEBCD	Lime	#00FF00
Blue	#0000FF	LimeGreen	#32CD32
BlueViolet	#8A2BE2	Linen	#FAF0E6
Brown	#A52A2A	Magenta	#FF00FF
BurlyWood	#DEB887	Maroon	#800000
CadetBlue	#5F9EA0	MediumAquaMarine	#66CDAA
Chartreuse	#7FFF00	MediumBlue	#0000CD
Chocolate	#D2691E	MediumOrchid	#BA55D3
Coral	#FF7F50	MediumPurple	#9370DB
CornflowerBlue	#6495ED	MediumSeaGreen	#3CB371
Cornsilk	#FFF8DC	MediumSlateBlue	#7B68EE
Crimson	#DC143C	MediumSpringGreen	#00FA9A
Cyan	#00FFFF	MediumTurquoise	#48D1CC
DarkBlue	#00008B	MediumVioletRed	#C71585
DarkCyan	#008B8B	MidnightBlue	#191970
DarkGoldenRod	#B8860B	MintCream	#F5FFFA

Color Name	HEX	Color Name	HEX
DarkGray	#A9A9A9	MistyRose	#FFE4E1
DarkGrey	#A9A9A9	Moccasin	#FFE4B5
DarkGreen	#006400	NavajoWhite	#FFDEAD
DarkKhaki	#BDB76B	Navy	#000080
DarkMagenta	#8B008B	OldLace	#FDF5E6
DarkOliveGreen	#556B2F	Olive	#808000
DarkOrange	#FF8C00	OliveDrab	#6B8E23
DarkOrchid	#9932CC	Orange	#FFA500
DarkRed	#8B0000	OrangeRed	#FF4500
DarkSalmon	#E9967A	Orchid	#DA70D6
DarkSeaGreen	#8FBC8F	PaleGoldenRod	#EEE8AA
DarkSlateBlue	#483D8B	PaleGreen	#98FB98
DarkSlateGray	#2F4F4F	PaleTurquoise	#AFEEEE
DarkSlateGrey	#2F4F4F	PaleVioletRed	#DB7093
DarkTurquoise	#00CED1	PapayaWhip	#FFEFD5
DarkViolet	#9400D3	PeachPuff	#FFDAB9
DeepPink	#FF1493	Peru	#CD853F
DeepSkyBlue	#00BFFF	Pink	#FFC0CB
DimGray	#696969	Plum	#DDA0DD
DimGrey	#696969	PowderBlue	#B0E0E6
DodgerBlue	#1E90FF	Purple	#800080
FireBrick	#B22222	RebeccaPurple	#663399
FloralWhite	#FFFAF0	Red	#FF0000
ForestGreen	#228B22	RosyBrown	#BC8F8F
Fuchsia	#FF00FF	RoyalBlue	#4169E1
Gainsboro	#DCDCDC	SaddleBrown	#8B4513
GhostWhite	#F8F8FF	Salmon	#FA8072
Gold	#FFD700	SandyBrown	#F4A460

Color Name	HEX	Color Name	HEX
GoldenRod	#DAA520	SeaGreen	#2E8B57
Gray	#808080	SeaShell	#FFF5EE
Grey	#808080	Sienna	#A0522D
Green	#008000	Silver	#C0C0C0
GreenYellow	#ADFF2F	SkyBlue	#87CEEB
HoneyDew	#F0FFF0	SlateBlue	#6A5ACD
HotPink	#FF69B4	SlateGray	#708090
IndianRed	#CD5C5C	SlateGrey	#708090
Indigo	#4B0082	Snow	#FFFAFA
Ivory	#FFFFF0	SpringGreen	#00FF7F
Khaki	#F0E68C	SteelBlue	#4682B4
Lavender	#E6E6FA	Tan	#D2B48C
LavenderBlush	#FFF0F5	Teal	#008080
LawnGreen	#7CFC00	Thistle	#D8BFD8
LemonChiffon	#FFFACD	Tomato	#FF6347
LightBlue	#ADD8E6	Turquoise	#40E0D0
LightCoral	#F08080	Violet	#EE82EE
LightCyan	#E0FFFF	Wheat	#F5DEB3
LightGoldenRodYellow	#FAFAD2	White	#FFFFFF
LightGray	#D3D3D3	WhiteSmoke	#F5F5F5
LightGrey	#D3D3D3	Yellow	#FFFF00
LightGreen	#90EE90	YellowGreen	#9ACD32

기출문제 정답 및 해설

가) 인터넷 이론 관련 기출문제 정답

(1) 웹 디자인에 관한 설명으로 거리가 먼 것은?

① 웹 페이지를 디자인 하고 제작하는 것을 의미한다.

② 웹 디자인은 개인용 홈페이지 외 기업용, 상업용 등 매우 다양하다.

③ 웹 디자인은 웹과 디자인이라는 두 가지 개념이 결합된 것이다.

④ **정답:** 기업, 단체, 행사의 특징과 성격에 맞는 시각적 상징물을 말한다. (기업, 단체, 행사의 시각적 상징물은 아이덴티티 디자인이다.)

(2) 신뢰성 있는 패킷전송을 제공하며 인터넷 서비스의 기반이 되는 통신 프로토콜은?

① UDP

② **정답:** TCP/IP (인터넷의 기반이 되는 프로토콜이 Transmission Control Protocol / Internet Protocol이다.)

③ PSDN

④ FTTH

(3) 다음 중 네트워크를 구성하는 모든 노드들이 중심의 한 노드에 일대일로 연결된 네트워크 형태는?

① **정답:** Star형 (가장 일반적인 네트워크 구성 형태다. 허브가 네트워크 중앙에 위치하여 다른 모든 노드를 연결한다.)

② Ring형

③ Tree형

④ Bus형

(4) 웹브라우저(Web Browser)가 아닌 것은?

① **정답:** 아파치 (Apache는 서버의 이름이다.)

② 크롬

③ 파이어폭스

④ 오페라

(5) 인터넷을 이용하여 한 컴퓨터에서 다른 컴퓨터로 파일 전송을 하는 프로토콜은?

① **정답:** FTP (말 그대로 File Transfer Protocol의 약자이다.)

② Usenet (User's Network(이용자 네트워크)의 줄임말로 인터넷을 기반으로 한 토론 그룹을 이야기한다.)

③ Telnet (Tele Network의 준말. 멀리 떨어진 컴퓨터에 연결해 이쪽 컴퓨터를 그쪽에 연결된 터미널로 만들어 주는 인터넷 표준 프로토콜이다.)

④ ICMP (Internet Control Message Protocol, 인터넷 제어 메시지 프로토콜은 네트워크 컴퓨터 위에서 돌아가는 운영체제에서 오류 메시지를 전송받는 데 주로 쓰인다.)

(6) 일반적인 웹브라우저(Web Browser)의 기능이 아닌 것은?

① 인터넷을 편리하게 사용할 수 있다.

② 원하는 웹사이트에 쉽게 접속할 수 있다.

③ **정답:** 컴퓨터 바이러스를 치료해 준다. (컴퓨터 바이러스를 치료해 주는 소프트웨어는 백신이다.)

④ 자주 이용하는 웹사이트의 목록을 관리할 수 있다.

(7) 네트워크 구조 중 링(Ring)형의 특징에 대한 설명으로 틀린 것은?

① **정답:** 노드의 변경 및 추가가 쉽다. (링형은 중간에 선을 절단해야지 노드를 추가할 수 있다.)

② 2개 이상은 각 노드들이 고리 형태로 연결되어 있다.

③ 전송중인 데이터는 목적 컴퓨터에 도달할 때까지 링을 통해 전달된다.

④ 노이즈(noise)에 강하다.

(8) 구글(Google) 검색엔진에 대한 설명으로 틀린 것은?

① 로봇(Robot) 프로그램을 이용하는 단어별 다국어 검색 엔진이다.

② 검색 결과와 유사한 문서들을 [비슷한 페이지] 링크로 보여준다.

③ PDF 형태의 정보 검색이 가능하다.

④ **정답:** 모든 검색어에 대해 기본 값으로 OR 연산을 실행한다.
(기본적으로 AND 연산을 실행한다.)

(9) 두 개의 컴퓨터 사이에 정보교환을 위해 사용되는 규칙을 의미하는 것은?

① 스트림

② 패킷

③ **정답:** 프로토콜 (규약, 규칙을 뜻하는 말이 Protocol이다.)

④ 인터페이스

(10) 웹브라우저의 종류에 속하지 않는 것은?

① 구글 크롬

② 오페라

③ 사파리

④ **정답:** 아웃룩 익스프레스 (이메일을 위한 소프트웨어이다.)

(11) 다음 중 TCP/IP 프로토콜의 구성 계층에 해당하지 않는 것은 무엇인가?

① 응용 계층

② 전송 계층

③ 인터넷 계층

④ **정답:** 표현 계층 (응용, 전송, 인터넷, 네트워크 계층 등 총 네 가지 계층으로 이루어져 있다.)

(12) 웹브라우저의 기능으로 옳지 않은 것은?

① 웹사이트 접속

② 정보 검색

③ **정답:** 사진 합성 (그래픽 소프트웨서 사진합성을 한다.)

④ 인터넷서비스 제공

(13) 연산자 좌우의 검색어를 모두 포함하는 데이터를 찾는 정보검색 연산자는?

① OR (둘 중의 하나만 포함해도 모두 찾는다.)

② NOT (앞의 것을 포함하고 뒤의 것을 포함하지 않는 것을 찾는다.)

③ **정답:** AND

④ AND NOT

(14) 월드 와이드 웹(WWW)서비스를 이용하기 위해 개발된 프로그램으로 인터넷에 연결된 컴퓨터를 탐색하고 원하는 정보를 읽어 들여 그 내용을 화면에 표시해 주는 클라이언트 프로그램은?

① 배너

② 포털 사이트

③ **정답:** 웹 브라우저

④ 홈페이지

(15) 다음 설명과 관계가 없는 것은?

> 정기적이고 자발적으로 인터넷을 여행하며 정보를 수집하고, 수집한 정보를 검색엔진의 데이터베이스에 저장하는 프로그램을 의미한다.

① **정답:** bug (버그는 오류를 이야기한다.)
② crawler
③ robot
④ worm

(16) OSI 7계층 구조를 하위 계층부터 상위 계층까지 순서대로 나열한 것은?

① 물리계층→데이터 링크계층→세션계층→네트워크계층→전송계층→응용계층→표현계층
② 물리계층→데이터 링크계층→네트워크계층→전송계층→세션계층→응용계층→표현계층
③ **정답:** 물리계층→데이터 링크계층→네트워크계층→전송계층→세션계층→표현계층→응용계층 (아랫단부터 윗단으로 정확히 기술하였다.)
④ 전송계층→물리계층→데이터 링크계층→네트워크계층→세션계층→표현계층→응용계층

(17) 인터넷의 발전을 시대 순으로 옳게 나열한 것은?

① ARPANET→NSFNET→TCP/IP 표준→WWW
② **정답:** ARPANET→TCP/IP 표준→NSFNET→WWW (ARPANET이 가장 먼저나오고 TCP/IP가 두 번째이다.)
③ TCP/IP 표준→ARPANET→NSFNET→WWW
④ TCP/IP 표준→NSFNET→ARPANET→WWW

(18) 가시광선에 대한 설명으로 틀린 것은?

① 빛의 파장 중 380㎚에서 780㎚ 사이의 범위로 눈으로 지각되는 영역을 말한다.

② 백색광이 프리즘을 통해 나타나는 색띠를 말한다.

③ **정답:** 라디오나 텔레비전, 휴대폰의 파장범위를 포함한다. (이러한 전자파는 사람의 눈에 보이지 않는다.)

④ 전자기파 스펙트럼이라고도 한다.

(19) 다음이 설명하고 있는 것은?

인터넷의 시조이며, 미 국방성이 군사 목적으로 UCLA, 스탠포드 대학 등이 보유한 컴퓨터를 네트워크로 연결한 것을 말한다.

① USENET (User's Network(이용자 네트워크)의 줄임말로 인터넷을 기반으로 한 토론 그룹을 이야기한다.)

② FTP (File Transfer Protocol이다.)

③ WAIS (Wide Area Information Service, 인터넷의 정보검색 시스템을 WAIS 라고 한다.)

④ **정답:** ARPANET

(20) 전자메일 서비스에 연관된 프로토콜(Protocol)이 아닌 것은?

① IMAP

② **정답 :** NNTP (Network News Transfer Protocol, 네트워크 뉴스 전송 프로토콜)는 뉴스 서버 간에 유즈넷 뉴스 기사(netnews)를 전송하고 최종 사용자 클라이언트 애플리케이션에 의해 기사를 구독, 게시할 수 있게 하기 위한 애플리케이션 프로토콜의 하나이다.)

③ POP3

④ SMTP

나) 색상, 이미지 기출문제 정답

(1) 다음 중 색채에 대한 설명으로 맞는 것은?

① 색채는 심리적 성질을 갖지 못한다. (색채는 어떤 방식으로든 심리적 성질을 가진다.)

② 물체가 발광하지 않고 빛을 받아서 흡수되는 색이다. (색상은 빛을 반사하여 생긴다.)

③ 색채의 분류는 무채색, 유채색, 중성색 3가지가 있다. (무채색과 유채색의 두 가지로 나눌 수 있다.)

④ **정답:** 색채를 느끼는 경우 유채색, 느낄 수 없는 경우 무채색이라 한다.

(2) 다음 중 색의 3속성으로 옳은 것은?

① 유채색, 무채색, 중성색 (무채색과 유채색 두가지로 나누고 중성색이란 말은 여기에서 사용되지 않는다. 중성색은 한색과 난색이 아닌 색, 즉 보라색이나 녹색을 중성색이라고 이야기 하는 경우가 있다.)

② Red, Green, Blue (가산혼합의 3원색이다.)

③ Cyan, Magenta, Yellow (감산혼합의 3원색이다.)

④ **정답:** 색상, 명도, 채도

(3) 색광의 혼합에서 색을 혼합하면 할수록 높아지는 색의 속성은?

① **정답:** 명도

② 채도 (채도는 낮아진다.)

③ 색상 (색상이 높아진다거나 낮아진다는 표현을 하진 않는다.)

④ 점도 (점도는 색의 속성이 아니다.)

(4) RGB컬러에서 R=0, G=0, B=0로 설정할 때 모니터에 나타나는 색상은?

① White

② **정답:** Black (모든 빛을 제거한 상태이기 때문에 검정색으로 나타난다.)

③ Blue

④ Yellow

(5) 색광에서 Red, Blue가 혼합될 때 그 결과 색은?

① Cyan (Green과 Blue의 혼합이다.)

② Yellow (Red와 Green의 혼합니다.)

③ **정답:** Magenta

④ White (모든 색상이 혼합되면 나타나는 색상이다.)

(6) 큰 이미지 또는 사진과 같이 컬러 수가 많은 웹 이미지에 적합한 파일 포맷은?

① EPS (어도비 일러스트레이터 파일 포맷이다.)

② PSD (어도비 포토샵의 파일 포맷이다.)

③ **정답:** JPEG

④ BMP (비트맵 파일 포맷이다.)

(7) 16만 7천 컬러 이상의 색상과 256단계의 알파 채널을 사용하기 위해서는 최소 몇 bit가 필요한가?

① 8비트

② 16비트

③ 24비트

④ **정답:** 32비트 (24비트에 추가적으로 8비트가 필요하다. 주로 PNG 파일에서 알파 채널을 이용할 때 32비트를 이용한다.)

(8) 다음 중 Photoshop 파일로 옳은 것은?

① default.asp (서버 파일이다.)

② index.html (웹 HTML 파일이다.)

③ **정답:** main.psd

④ script.js (자바스크립트 파일이다.)

(9) 인터넷에서 사용되는 대부분의 사운드 파일은 주로 압축된 형태의 것들이다. 다음 중 인터넷에서 사용되는 사운드 파일 형식의 확장자가 아닌 것은?

① RA

② AIFF

③ AU

④ **정답:** BMP (그림 파일의 확장자이고 인터넷에서 사용하지 않는다. Bitmap의 약자이다.)

(10) 애니메이션에서 한 장의 영상을 의미하는 것은?

① 픽셀(Pixel)

② 씬(Scene)

③ **정답:** 프레임(Frame) (프레임 하나하나가 모여서 Scene을 이룬다.)

④ 테이크(Take)

(11) 웹상에 사용되는 파일 포맷 중 GIF와 JPG의 장점을 합친 형태로 GIF와는 달리 투명도 자체를 조절할 수 있는 특징을 가진 것은?

① AI (어도비 일러스트레이터 파일 포맷이다.)

② PDF (어도비사의 도큐멘트 포맷이다.)

③ **정답:** PNG

④ PSD (어도비 포토샵의 파일 포맷이다.)

(12) 동영상 파일 포맷으로 틀린 것은?

① **정답:** *.mp3 (음악 파일 포맷이다.)

② *.asf

③ *.avi

④ *.rm

(13) 사용할 수 있는 색상의 수가 제한될 경우에 주로 활용하며, 적은 수의 색상으로 눈의 착시현상을 이용하여 여러 색을 사용한 것처럼 효과를 얻을 수 있는 방법은?

① Modeling (3D에서 모델링은 형태를 만드는 것을 의미하고 제품디자인 등에서는 물건이나 제품을 만드는 것을 의미한다.)

② Rotating (사진이나 이미지를 돌리는 것이다.)

③ **정답:** Dithering

④ Resolution (해상도를 의미한다.)

(14) 다음 중 컴퓨터 그래픽스의 기본적인 컬러 시스템이 아닌 것은?

① RGB

② CMY

③ **정답:** CRT (CRT는 음극선관을 이야기 한다. 영어로 Cathode-Ray Tube라고 하고 주로 모니터 등에 사용된다.)

④ HSB

(15) 다음 중 감산 혼합의 3원색으로 옳지 않은 것은?

① MAGENTA

② YELLOW

③ **정답:** BLUE (감산 혼합의 3원색은 CYM이다.)

④ CYAN

(16) 색채에 대한 설명으로 옳은 것은?

① 색채는 심리적 성질을 갖지 못한다. (색채마다 사람들에게 주관적이고 객관적인 심리적 반응을 일으킨다.)

② 어떤 물체가 빨간색 파장을 가장 많이 흡수하면 빨간색 물체로 보이게 된다. (빨간색 파장만을 반사하면 빨간색이 된다.)

③ 색채의 분류는 무채색, 유채색, 중성색 3가지가 있다. (색채는 무채색과 유채색 두 가지가 있다고 하면 옳다.)

④ **정답:** 색채를 느끼는 경우 유채색, 느낄 수 없는 경우 무채색이라 한다.

(17) 웹 브라우저를 통하여 볼 수 있는 이미지 포맷이 아닌 것은?

① jpg

② gif

③ png

④ **정답:** psd (포토샵 파일 포맷이다.)

(18) 다음 중 동영상 관련 포맷 방식이 아닌 것은?

① **정답:** wav (음악과 관련된 파일 포맷이다.)

② asf

③ avi

④ mp4

(19) 다음 중 GIF 포맷의 특징이 아닌 것은?

① 최대 256가지의 색상을 표현할 수 있다.

② 빠른 전송 속도 때문에 웹용 이미지로 사용된다.

③ 투명한 이미지와 애니메이션 표현이 가능하다.

④ **정답:** 24bit 풀컬러(트루컬러)를 사용한다. (256가지 색상만이 사용가능하다. 이는 8bit에 해당한다.)

(20) Indexed Color Mode의 특징으로 옳은 것은?

① **정답:** 최고 256 컬러를 사용하여 이미지를 표현한다.

② 색상이 없이 256가지의 명암만으로 이미지를 표현한다.
(256가지 색상을 표현할 수 있다.)

③ 광원으로 이미지의 색상을 표현하며 최고 1,670만 색상으로 이미지를 표현한다. (256가지의 색상만 표현할 수 있다.)

④ 인쇄를 하기 위한 이미지를 표현할 때 가장 적합하다.
(해상도가 낮고 색상이 제한이 있어 인쇄하기 힘들다.)

다) 코딩 관련 기출문제 정답

(1) HTML에 대한 설명으로 틀린 것은?

① HTML언어는 W3C를 기반으로 한다.

② **정답:** HTML은 Hyper Text Marking Language의 약자이다.
(Hyper Text Markup Language의 약자이다.)

③ 확장자는 html 또는 htm이다.

④ HTML은 태그(Tag)로 구성되어 있다.

(2) 다음 ( ) 안에 공통으로 들어갈 알맞은 단어는?

드림위버와 나모 웹에디터는 대표적인 ( )방식의 프로그램이

다. (　　) 방식은 에디터에서 작업하는 화면과 출력하는 화면이 같다는 의미이다.

① 에디터(Editor)

② **정답:** 위지위그(WYSIWYG) (What You See Is What You Get의 약자이다.)

③ 비헤이비어(Behavior)

④ 스크립트(Script)

(3) 다음 중 일반적인 HTML문서의 기본구조로 옳은 것은?

① **정답:** <HTML><HEAD></HEAD><BODY></BODY></HTML>

(<html>이 전체를 싸고 있는 구조이다.)

② <HEAD></HEAD><HTML><BODY></HTML></BODY>

③ <HEAD><HTML></HTML></HEAD><BODY></BODY>

④ <HEAD></HEAD><HTML><BODY></BODY></HTML>

(4) 다음이 설명하고 있는 것은?

- 기존 HTML의 단점을 개선하여 동적인 웹페이지를 만들 수 있도록 하기 위한 기술
- 문서의 각 요소를 하나의 객체로서 위치와 스타일을 지정할 수 있고, 또한 사용자와의 상호작용을 첨가하거나 움직임이 가능함
- 자바 스크립트를 기반으로 함

① CGI

② JAVA

③ **정답:** DHTML (동적인(Dynamic) HTML이다.)

④ CSS

(5) HTML 문서의 시작과 끝을 표시하기 위해 사용되는 태그로 옳은 것은?

① <begin>

② <body>

③ **정답:** <html> (<html>이 전체를 싸고 있는 구조이다.)

④ <start>

(6) 하이퍼텍스트에서 사용되는 〈A〉태그에서 A가 지칭하는 용어는?

① 앤드(And)

② 오토(Auto)

③ **정답:** 앵커(Anchor) (배의 닻을 뜻하는 Anchor가 답이다.)

④ 어너니머스(Anonymous)

(7) HTML 문서의 작성자, 날짜, 주요 단어 등 웹브라우저의 내용에는 나타나지 않는 웹 문서의 일반 정보를 나타낼 때 사용하는 태그는?

① <title>

② **정답:** <meta> (메타 태그는 문서 자체의 특징을 담고 있다.)

③ <head>

④ <body>

(8) HTML(Hyper Text Markup Language)의 특징으로 거리가 먼 것은?

① HTML은 Markup 언어이다.

② HTML 문서는 ASCII 코드로 구성된 일반적인 텍스트 파일이다.

③ **정답:** HTML 문서에는 동영상을 재생할 수 없다. (HTML 문서에서도 태그 등을 이용하여 동영상을 재생할 수 있다.)

④ HTML은 컴퓨터 시스템이나 운영체제에 독립적이다.

(9) 웹 문서에 텍스트나 이미지 또는 멀티미디어 요소를 클릭하면 외부의 텍스트나 이미지, 기타 다른 멀티미디어 요소로 변경되는 것은?

① 테이블
② **정답:** 하이퍼링크 (하이퍼링크를 통하여 다른 요소로 이동할 수 있다.)
③ 프레임
④ 태그

(10) Java script에 대 한 일반적인 설명으로 틀린 것은?

① 객체지향적 프로그래밍 언어이다.
② 인터랙티브 웹 페이지 제작을 위해 사용된다.
③ 소스가 공개된다.
④ **정답:** 컴파일이 필요하다. (자바스크립트는 컴파일이 필요없는 것이 가장 큰 장점 중의 하나이다.)

(11) 다음 중 웹 페이지 제작에 따른 외부 스타일시트 확장자는?

① *.stc
② *.ssc
③ *.xls
④ **정답:** *.css (Cascading Style Sheets라는 뜻이다.)

(12) 다음의 HTML 태그 중 종료 태그가 없는 것은?

① <HTML>
② <BODY>
③ **정답:** <HR> (HR 태그는 엔딩 태그가 필요 없다.)
④ <DIV>

(13) HTML 태그에서 "cellpadding" 에 대해 올바르게 설명한 것은?

① **정답:** "table" 태그에서만 쓰는 속성으로 셀 구분선과 셀 안의 문자 간의 여백을 설정한다.

② "table" 태그에서만 쓰는 속성으로 셀과 셀 사이의 간격을 설정한다. (이것은 cellspacing이 하는 역할이다.)

③ "table" 태그에 삽입하면 테이블의 전체의 높이를 설정한다. (높이는 height어트리뷰트를 이용하여 설정한다.)

④ "table" 태그에 삽입하면 해당 셀의 높이를 설정한다. (height 어트리뷰트가 하는 역할이다.)

(14) 다음 HTML 태그 중 성격이 다른 태그는?

① <OL> </OL>

② <UL> </UL>

③ <LI> </LI>

④ **정답:**
 </BR> (다른 태그는 리스트를 만드는 태그인데 반해 이것을 줄을 바꾸는 태그이다.)

(15) 다음 마크업 언어 중 가장 나중에 만들어진 것은?

① SGML

② HTML

③ XML

④ **정답:** XHTML (이 중에서는 XHTML이 가장 늦게 개발되었다.)

(16) HTML을 이용한 웹페이지 제작에 대한 설명으로 틀린 것은?

① Markup 태그를 이용하여 제작한다.

② 다양한 멀티미디어 포맷의 파일을 연결시킬 수 있다.

③ **정답:** 하나의 그림에는 하나의 문서나 사이트만을 연결할 수 있다.
(이미지 맵 등을 사용하면 여러가의 문서나 사이트를 연결할 수 있다.)

④ 위지위그(WYSIWYG) 방식은 직접 코드를 입력하지 않아도 웹페이지 구성이 가능하다.

(17) HTML 문서를 구성하는 태그 중 본문을 나타내는 것은?

① <Meta> </Meta>

② <Head> </Head>

③ **정답:** <Body> </Body> (<body> 태그 안에 있는 것이 본문에 나타난다.)

④ <Tbody> </Tbody>

(18) HTML에서 사용되는 글자 모양에 관련된 태그에 관한 설명으로 옳지 않은 것은?

① <B> </B> 태그는 강조된 글자 모양으로 표시하기 위한 태그이다.

② <CITE> </CITE> 태그는 위 첨자 모양의 글자로 표시할 때 사용하는 태그이다.

③ **정답:** 태그는 위 첨자 모양의 글자로 표시할 때 사용하는 태그이다.

④ <CODE> </CODE> 태그는 프로그램 코드 글자 모양으로 표시할 때 사용하는 태그이다.

(19) 〈BODY〉 태그에서 사용할 수 있는 속성과 그 의미의 연결이 올바르지 않은 것은?

① BGCOLOR - 배경색을 지정한다.

② **정답:** BG - (배경으로 사용될 이미지 파일을 지정한다.)

③ TEXT - 일반 글자색을 지정한다.

④ LINK - 링크로 설정한 글자색을 지정한다.

(20) a href="http://www.hrdkorea.or.kr" target="ⓐ"〉 에서 ⓐ에 나타날 수 있는 값과 그에 대한 설명이 틀린 것은?

① _blank : 링크된 문서를 새 창에 보여준다.

② **정답:** _parent : 링크된 문서를 창 전체에 보여준다.

③ _self : 링크된 문서를 하이퍼링크가 있던 현재 프레임에 보여준다.

④ _top : 링크된 문서를 창 전체에 보여준다.

여기에 수록된 기출문제는 한국산업인력공단의 웹디자인기능사 필기시험 기출문제를 재구성하여 수록한 것임.

참고문헌

- Gordiyenko, Svetlana. Website Development Process: Full Guide in 7 Steps, 2015.12.14.
- ISO 9241-210:2010. Ergonomics of human-system interaction - Part 210: Human-centred design for interactive systems, 2015
- National Institute on Aging and the National Library of Medicine, Making Your Web Site Senior Friendly, 2002
- Nielsen Norman Group, https://www.nngroup.com/
- O'Reilly https://www.oreilly.com/
- TTA정보통신용어사전, http://terms.tta.or.kr/main.do
- W3C Consortium, http://w3c.org
- W3Schools, http://w3schools.com
- 권지민, 비주얼 리터러시 향상을 위한 앱 아이콘 디자인 수업방안 연구, 경북대학교 교육학석사 학위논문, 2016
- 김미기, 스큐모프원리를 적용한 앱 아이콘 디자인 연구 - 고령자의 사용성 향상을 중심으로, 경북대학교 디자인학석사 학위논문, 2016
- 노권찬, 고령친화도시를 위한 공공디자인 가이드라인 연구 - 노인보호구역을 중심으로, 경북대학교 디자인학박사 학위논문, 2014
- 다음백과, http://100.daum.net/
- 매경용어사전 http://dic.mk.co.kr/menu/intro.php

- 전산용어사전편찬위원회, 컴퓨터 인터넷 IT용어 대사전, 2005
- 정의태, 고령자의 사용성 향상을 위한 헬스케어 모바일 어플리케이션의 인터페이스 디자인 연구, 경북대학교 디자인학 박사 학위논문, 2016
- 정주연, 고령자 대상 인터페이스에서의 유니버설 디자인, 한국디자인학회 국제학술대회 논문집, 2010
- 질야 빌츠, 디자이너 상식백과, 2007
- 한국산업인력공단 http://www.hrdkorea.or.kr/
- 한국정보화진흥원, 미래창조과학부, http://www.nia.or.kr/

저자소개

- 인제대학교 공과대학 멀티미디어학부 부교수
- 인제대학교 디자인대학 시각디자인과 부교수
- 인제대학교 헬스케어서비스디자인 연계전공장
- 인제대학교 메디컬디자인 융복합트랙장
- 한국디자인학회 이사
- 학교기업 인제대 웹센터장
- 사단법인 생활자치센터 우리동네사람들 사무처장

학력

- 서울대학교 학사 산업디자인(시각디자인)
- Hochschule Augsburg(독일) 석사 Interactive Media Systems, Mobile Experience
- 경북대학교 박사 디자인학

저서 및 역서

- 컬러리스트 이론편(공저) 도서출판 예림 2012
- 컬러마케팅(공저) 지구문화사 2012
- 디자이너 상식백과(공역) 모노클 2011

논문

- Dissolving Boundaries : Ethical Issues Surrounding Powered Prosthesis from Analyzing the Cybathlon and Advanced Prosthetic Technologies
- Analyzing on JCI Certified Hospital Web Sitesin 8 East and Southeast Asian Countries
- Analysis on the Hospital Brand Identity in Asia
- PM2000 서면복약지도서 디자인 개선
- 근전도 기반 웨어러블 디바이스 입력 인터페이스 연구
- 전통문화 게임 캐릭터의 디자인 사용자 평가 연구
- 스마트폰 연동 방식의 보행주기분석 시스템 개발 가이드라인

- 안정한 지지면과 불안정한 지지면에서 시각 정보가 다운증후군의 정적 밸런스에 미치는 영향
- 천식관리 모바일 앱의 개발과 사용자 테스트
- 근전도 측정을 통한 한 손 동작 입력 방식의 제안
- 카드소팅테스트에 의한 모바일 어플리케이션 메뉴 구성 개발
- 요통 예방과 치료를 위한 바이오피드백 전자복대 디자인
- CADY 웹사이트 건강정보의 디자인 개선 연구
- 터치 인터랙션을 채용한 현장진단기기 디자인 가이드라인 개발
- 액와 목발 3점 보행 시 목발길이에 따른 지면반력(GRF)과 압력중심(COP) 변화에 관한 연구
- 국립해양박물관 관람동선 분석을 통한 가상 어플리케이션 메뉴구성 개발에 관한 연구
- 한 손 이용 상황에서의 한글 문자 입력 인터페이스 비교
- 영화와 음반 타이틀에서 유추한 대중문화 영문 타이틀 서체 선호도 변화
- 도시형 모바일 게임 "City Pac-Man"과 위치기반 게임의 가능성
- Developing a pop-up making book application
- 신고의무자를 대상으로하는 아동학대 방지를 위한 공익광고 전략 연구
- XML을 이용한 범죄경고 및 예방 스마트폰 어플리케이션 연구

연구 및 프로젝트

- 김해시 도시색채 가이드라인 연구
- 김해시 도시색채계획 수립
- 김해시 사회적공유경제 활성전략
- 대학중점연구소지원 사업
- 융합형디자인대학육성 사업
- 디자인학과계약운영제 사업
- BK(두뇌한국)21+ 사업

웹 퍼블리싱

초판1쇄 발행 2020년 2월 28일

지은이 정 의 태
발행인 전 민 현
발행처 인제대학교 출판부

주　　소 경상남도 김해시 인제로 197
전　　화 055-320-3783
팩　　스 055-320-3766
출판등록 제95-6호
http://homepage.inje.ac.kr/~press

정가 7,000원

ISBN 978-89-6620-116-7 (93000)

『본 교재는 인제대학교 PRIME사업 사업비를 지원받아 작성되었습니다.』